CONSELHO NACIONAL DE JUSTIÇA
Atribuição Regulamentar no Brasil
e no Direito Comparado

Christiane Vieira Soares Pedersoli

Prefácio
José Adércio Leite Sampaio

CONSELHO NACIONAL DE JUSTIÇA
ATRIBUIÇÃO REGULAMENTAR NO BRASIL E NO DIREITO COMPARADO

Belo Horizonte

2011

© 2011 Editora Fórum Ltda.

É proibida a reprodução total ou parcial desta obra, por qualquer meio eletrônico, inclusive por processos xerográficos, sem autorização expressa do Editor.

Conselho Editorial

Adilson Abreu Dallari
André Ramos Tavares
Carlos Ayres Britto
Carlos Mário da Silva Velloso
Carlos Pinto Coelho Motta
Cármen Lúcia Antunes Rocha
Cesar Augusto Guimarães Pereira
Clovis Beznos
Cristiana Fortini
Dinorá Adelaide Musetti Grotti
Diogo de Figueiredo Moreira Neto
Egon Bockmann Moreira
Emerson Gabardo
Fabrício Motta
Fernando Rossi
Flávio Henrique Unes Pereira

Floriano de Azevedo Marques Neto
Gustavo Justino de Oliveira
Inês Virgínia Prado Soares
Jorge Ulisses Jacoby Fernandes
José Nilo de Castro
Juarez Freitas
Lúcia Valle Figueiredo (*in memoriam*)
Luciano Ferraz
Lúcio Delfino
Márcio Cammarosano
Maria Sylvia Zanella Di Pietro
Ney José de Freitas
Oswaldo Othon de Pontes Saraiva Filho
Paulo Modesto
Romeu Felipe Bacellar Filho
Sérgio Guerra

Luís Cláudio Rodrigues Ferreira
Presidente e Editor

Coordenação editorial: Olga M. A. Sousa
Revisão: Cida Ribeiro
Normalização e indexação: Lissandra Ruas Lima – CRB 2851 – 6ª Região
Projeto gráfico: Walter Santos
Capa e diagramação: Derval Braga

Av. Afonso Pena, 2770 – 15º/16º andares – Funcionários – CEP 30130-007
Belo Horizonte – Minas Gerais – Tel.: (31) 2121.4900 / 2121.4949
www.editoraforum.com.br – editoraforum@editoraforum.com.br

P371c   Pedersoli, Christiane Vieira Soares

Conselho Nacional de Justiça: atribuição regulamentar no Brasil e no direito comparado / Christiane Vieira Soares Pedersoli; prefácio de José Adércio Leite Sampaio. Belo Horizonte: Fórum, 2011.

177 p.
ISBN 978-85-7700-443-0

1. Direito público. 2. Direito constitucional. 3. Direito administrativo. I. Sampaio, José Adércio Leite. II. Título.

CDD: 341
CDU: 342

Informação bibliográfica deste livro, conforme a NBR 6023:2002 da Associação Brasileira de Normas Técnicas (ABNT):

PEDERSOLI, Christiane Vieira Soares. *Conselho Nacional de Justiça*: atribuição regulamentar no Brasil e no direito comparado. Belo Horizonte: Fórum, 2011. 177 p. ISBN 978-85-7700-443-0.

Ao Otávio

Amo-te afim, de um calmo amor prestante,
E te amo além, presente na saudade.
Amo-te, enfim, com grande liberdade
Dentro da eternidade e a cada instante.

(Vinícius de Moraes. *Soneto do Amor Total*)

Sonhe com aquilo que você quiser.
Seja o que você quer ser,
porque você possui apenas uma vida
e nela só se tem uma chance
de fazer aquilo que se quer.
Tenha felicidade bastante para fazê-la doce.
Dificuldades para fazê-la forte.
Tristeza para fazê-la humana.
E esperança suficiente para fazê-la feliz.
As pessoas mais felizes
não têm as melhores coisas.
Elas sabem fazer o melhor
das oportunidades que aparecem
em seus caminhos.
A felicidade aparece para aqueles que choram.
Para aqueles que se machucam.
Para aqueles que buscam e tentam sempre.
E para aqueles que reconhecem
a importância das pessoas que passam por suas vidas.

(Clarice Lispector)

Agradecimentos

À minha mãe, meu porto seguro, por todo o amor dedicado. Suas palavras ternas e suas orações me fortalecem e iluminam a minha vida.

Ao meu pai, pelo incentivo e exemplo. Sua determinação é e sempre será um paradigma para mim.

Ao Otávio, meu *coach*, por acreditar em mim e caminhar ao meu lado. O início e a concretização desta obra só foram possíveis com o seu apoio irrestrito, sua cumplicidade e intenso carinho.

À minha irmã Larissa, pelos momentos de alegria e realização compartilhados.

Ao Professor Dr. José Adércio Leite Sampaio (PUC Minas), pelo imenso conhecimento transmitido, pela orientação e sua sincera amizade. Ao Professor Dr. Clèmerson Merlin Clève (UFPR) e ao Professor Dr. José Luiz Quadros Magalhães (PUC Minas), pelas sugestões e importante participação na banca de defesa da minha dissertação de mestrado na PUC Minas, que ora se transforma em livro.

Aos meus amigos e professores do mestrado, por tudo que vivemos juntos, aprendendo e evoluindo.

Aos meus padrinhos e familiares que, mesmo distantes, sempre estiveram presentes em sua valiosa torcida.

Aos integrantes da família Pedersoli Rocha, pela acolhida e afeto.

Sumário

Lista de Siglas 13

Prefácio
José Adércio Leite Sampaio 15

Introdução 23

Capítulo 1
Poder de Concretização Normativa Regulamentar
da Constituição da República Brasileira 27
1.1 Ato administrativo regulamentar e as repercussões da Emenda Constitucional nº 32/2001 (poder regulamentar autônomo no Brasil?) 27
1.2 O poder regulamentar autônomo no ordenamento francês 36
1.3 Concretização normativa direta e indireta da Constituição da República de 1988 em nível regulamentar 38
1.4 Da legalidade formal à vinculação da Administração Pública ao princípio da juridicidade 43

Capítulo 2
Conselho Nacional de Justiça como Órgão
Constitucional 47
2.1 Natureza e funções 47
2.2 Legitimidade 50

Capítulo 3
Competência Regulamentar do Conselho Nacional
de Justiça 55
3.1 Fundamento e natureza da competência regulamentar do Conselho Nacional de Justiça 55
3.2 Os limites das resoluções do Conselho Nacional de Justiça 56
3.2.1 As Resoluções nº 3, de 16 de agosto de 2005, nº 24, de 24 de outubro de 2006, e nº 28, de 18 de dezembro de 2006 57
3.2.2 A Resolução nº 6, de 13 de setembro de 2005, e a sua revogação pela Resolução nº 106, de 06 de abril de 2010 58
3.2.3 A Resolução nº 7, de 18 de outubro de 2005, e a ADCMC nº 12-DF 59
3.2.4 A Resolução nº 8, de 29 de novembro de 2005 67
3.2.5 A Resolução nº 11, de 31 de janeiro de 2006, e a sua revogação pela Resolução nº 75, de 12 de maio de 2009 67
3.2.6 As resoluções nº 13, de 21 de março de 2006, e nº 14, de 21 de março de 2006 69
3.2.7 A Resolução nº 59, de 09 de setembro de 2008 73

Capítulo 4
PODER REGULAMENTAR DE CONSELHOS DA MAGISTRATURA
NO DIREITO COMPARADO 77
4.1 Natureza, competência e limites do poder regulamentar do *Consejo General del Poder Judicial* 80
4.2 Natureza, competência e limites do poder regulamentar do *Consiglio Superiore della Magistratura* 88
4.3 Natureza, competência e limites do poder regulamentar do *Conselho Superior da Magistratura* 94
4.4 A inexistência do poder regulamentar do *Conseil Supérieur de la Magistrature* 96
4.5 Natureza, competência e limites do poder regulamentar do *Consejo de la Magistratura* 98

CONCLUSÃO 105

REFERÊNCIAS 109

ANEXOS – RESOLUÇÕES DO CONSELHO NACIONAL DE JUSTIÇA ANALISADAS
Resolução nº 3, de 16 de Agosto de 2005 123
Resolução nº 6, de 13 de Setembro de 2005 125
Resolução nº 7, de 18 de Outubro de 2005 (Alterada pelas Resoluções nº 9/2005 e nº 21/2006) 127
Resolução nº 08, de 29 de Novembro de 2005 129
Resolução nº 11, de 31 de Janeiro de 2006 (Revogada pela Resolução nº 75/2009) 131
Resolução nº 13, de 21 de Março de 2006 (Alterada pelas Resoluções nºs 27/2006 e 42/2007) 133
Resolução nº 14, de 21 de Março de 2006 (Alterada pela Resolução nº 42/2007) 137
Resolução nº 24, de 24 de Outubro de 2006 139
Resolução nº 28, de 18 de Dezembro de 2006 141
Resolução nº 59 de 09 de Setembro de 2008 (Alterada pela Resolução nº 84/2009) 143
Resolução nº 75, de 12 de Maio de 2009 147
Resolução nº 106, de 6 de Abril de 2010 165

ÍNDICE DE ASSUNTOS 169

ÍNDICE DA LEGISLAÇÃO 171

ÍNDICE ONOMÁSTICO 175

Lista de Siglas

ADC – Ação Declaratória de Constitucionalidade
ADI – Ação Direta de Inconstitucionalidade
AMB – Associação dos Magistrados Brasileiros
CE – Constituição da Espanha
CGPJ – Consejo General del Poder Judicial
CM – Consejo de la Magistratura
CNJ – Conselho Nacional de Justiça
CR/88 – Constituição da República Federativa do Brasil de 1998
CSM – Consiglio Superiore della Magistratura
DF – Distrito Federal
EC – Emenda Constitucional
LOMAN – Lei Orgânica da Magistratura Nacional
LOPJ – Ley Orgánica del Poder Judicial
MC – Medida Cautelar
PGR – Procuradoria-Geral da República
STC – Sentença do Tribunal Constitucional
STF – Supremo Tribunal Federal
STS – Sentença do Tribunal Supremo
TCU – Tribunal de Contas da União

Prefácio

O Estado constitucional é uma forma muito recente de governo, se pensarmos na história das instituições políticas. É um bebê de trezentos e alguns anos de idade. Durante muito, muito tempo mesmo, milhares de anos, a monarquia, baseada ou não em Deus (único, pelo menos), limitada ou não pela lei natural ou pelos costumes, era a forma mais cultuada de governo. E era tão indiscutível, tão dogmática essa primazia, quanto hoje é o Estado constitucional e os seus pilares mais fortes: a legalidade, os direitos fundamentais e a separação dos poderes.

A legalidade é termo genérico para indicar o governo das leis em oposição ao governo dos homens. Todos, inclusive os governantes, estão submetidos às leis. Os modelos majoritários de Estado constitucional adotam a super ou hiperlegalidade. As próprias leis obedecem a uma superlei: a Constituição. Mas quem faz as leis e a própria Constituição tanto como quem as aplica são homens. Ou mais corretamente, seres humanos. A ideia de Constituição como reserva de justiça é uma forma, de um lado, de expressão do pensamento dogmático. A legitimidade, como alertara Weber, compõe-se na superlegalidade constitucional. É justo o que é constitucional. Por outro lado, ela é também entrópica. A sua aplicação tende a entregar na mão de poucos, sem investidura popular direta, a definição dessa justiça institucionalizada. A base constitucional primeva (constituinte) e autoproclamada (no corpo da Constituição) é declaradamente democrática. Mas quem dá a última palavra é um tipo de aristocracia. Poderia ser diferente? O Estado constitucional é uma falácia? Perguntas que exigiriam uma dissertação. Sim e não poderiam ser as respostas. Em homenagem ao leitor e, principalmente, a autora do presente livro, restrinjo-me a dizer que, no balanço de prós e contras, o Estado constitucional é o melhor de que dispomos no momento.

Os direitos fundamentais foram, inicialmente, resultado do triunfo do indivíduo sobre o Estado ou, mais exatamente, sobre as razões de Estado. Cada homem (a expressão sexista não era desconectada da realidade) era titular de direitos inatos ou naturais, imprescritíveis e inalienáveis. Não eram direitos concedidos pelo Estado ou governante, mas a eles anteriores. Direitos que decorriam da própria condição de ser homem. Como um filósofo norte-americano brincou, era como se, nas combinações de nucleotídeos presentes no Ácido Desoxirribonucleico, existisse a determinação biológica de existência dos direitos. Não há registro de que antes ou depois de Watson e Crick se tenha identificado alguma sequência das bases que tenha dado origem, por exemplo, ao direito de propriedade. Essa metáfora — até certo ponto perigosa — podia não estar longe do que pensavam alguns iluministas. Claro, não lhes passava pela cabeça a existência de um DNA que só viria à luz do conhecimento com Friedrich Miescher no final do século XIX. Ainda assim de modo muito fraco, muito apagado. Nem era do ser biológico que pensavam exatamente. Os direitos, para eles, eram decorrência da condição moral do homem. Mulheres, crianças, inválidos e escravos eram outra coisa. A história desses direitos tornou-se o centro vital e ideológico da epopeia do Estado Constitucional desde a sua origem. Hoje não é só o estatuto de alguns, mas um discurso prático e jurídico de inclusão social e política dos excluídos. Os resultados efetivos nem sempre são iguais aos fundamentos teóricos. Eles são, de fato, muitas vezes, um contrarresto aos destemperos da política e do dinheiro. Mas, outras vezes, não passam de fórmulas bem acabadas para legitimar esses destemperos e para gerar injustiças como efeitos colaterais.

A separação dos poderes se baseia na existência de órgãos de Estados autônomos incumbidos de desempenhar de modo independente funções estatais específicas, embora submetidos a mecanismos de freios e contrapesos ou controles recíprocos. A autonomia orgânica é relativa, assim como a independência é mais interdependência ou inter-relação. A ideia não é nova. O objetivo de separar poderes para, equilibrando-os, limitá-los já era defendido por Platão[1] e Aristóteles,[2] mas foi mesmo em Roma que ganhou mais expressão. Políbio e Cícero desenvolveram o sentido de constituição mista que reunia as três formas básicas de governo: democracia, aristocracia e monarquia, atribuindo-se, notadamente com os gregos, uma parcela de função estatal a cada segmento da sociedade.[3] Políbio e Cícero preocuparam-se mais com o equilíbrio do poder do que propriamente com a representação social. Teríamos, assim, na república romana, dizia Políbio, a monaquia (inspirada no regime antigo de Roma) no consulado, a aristocracia (ao estilo espartano) no senado e a democracia (de matriz ateniense)

---
[1] PLATÃO. *The Laws*. Trad. Alfred Taylor. London: J.M. Dent, 1960. p. 79-80, 99.
[2] ARISTÓTELES. *Aristotle's Politics*. Trad. William Ellis. Middlesex: Echo Library, 2006. p. 51.
[3] FRITZ, Kurtz von. *Theory of Mixed Constitution in Antiquity*. New York: Arno Press, 1975.

nas assembleias legislativas, eleitas pelo povo.[4] Cada instituição complementava e, ao mesmo tempo, controlava as demais, assegurando o exercício regular dos poderes e a sua estabilidade.[5] Essa ideia foi retomada por Tomás de Aquino[6] e, depois, pelos humanistas (Romini, Bruni e Maquiavel, por exemplo).[7] Quando autores modernos como Vico,[8] Locke[9] e Montesquieu[10] dela trataram, já havia um longo trajeto percorrido.

Sobre o tema, o autor francês foi o mais influente. Charles-Louis de Secondat, baron de La Brède et de Montesquieu, nascera em berço esplêndido. Seu pai, Jacques de Secondat, pertencia à nobreza francesa, assim como a mãe, Marie Françoise de Pesnel, herdeira de uma fortuna que propiciou a compra do título de baronato. Montesquieu era um escritor astuto e interessado em assuntos diversos, principalmente no campo das ciências e da política. Escrevera trabalhos tanto sobre as razões da grandeza e decadência dos romanos (*Considérations sur les Causes de la Grandeur des Romains et de leur Décadence*), quanto sobre as marés (*Le flux et le reflux de la mer*) e as doenças das glândulas renais (*Les maladies des glandes rénales*). Gostava de viajar e foi numa de suas viagens que ficou encantado com o modo de organização política dos ingleses. Era o ano de 1730 e a Grã-Bretanha já havia passado pela Guerra Civil e pela Revolução Gloriosa, definindo as bases do governo constitucional. As suas observações na Inglaterra o levaram a escrever *De l'Esprit des Lois* [O Espírito das Leis], publicado anonimamente em 1748, com a ajuda da romancista Claudine de Tencin, mãe de D'Alembert.

---

[4] POLYBIUS. *The Histories*. Trad. Robin Waterfield. Oxford: Oxford University Press, 2010. b. 6, p. 380 *et seq.*; WALBANK, Frank W. *Polybius, Rome, and the Hellenistic World*: Essays and Reflections. New York: Cambridge University Press, 2002. p. 16.

[5] CÍCERO, Marco Tulio. *On the Commonwealth* (The Republic). Trad. George H. Sabine e Stanley B. Smith. Whitefish: Kessinger Publishing, 2004. p. 23, 130; WOOD, Neal. *Cicero's Social and Political Thought*. Berkeley: University of California Press, 1991. p. 159 *et seq.*

[6] TOMÁS, de Aquino, Santo. *Summa Theologica*. Josepho Pecci. Parisiis: Hayes Barton Press, 1925., Ia e IIae, 105, I ad 2, p. 1999-2000. Ver COLEMAN, Janet. *A History of Political Thought*: from the Middle Ages to the Renaissance. Oxford: Blackwell Publishers, 2000. p. 113 *et seq.*

[7] MOULAKIS, Athanasios. *Leonardo Bruni's Constitution of Florence*. Firenze: Olschki, 1986; *Rinascimento*, v. 26, p. 141-190; MAQUIAVEL, Nicolau. *The Discourses on Livy*. Trad. Ninian Hill Thomson. Stilwell: Digireads.com, 2008. I (5-6), p. 18 *et seq.*

[8] VICO, Giambattista. *The New Science*. Trad. Thomas Goddard Bergin; Max Harold Fischgi. Ithaca: Cornell University Press, 1984. p. 232 *et seq.*, 376 *et seq.*

[9] LOCKE, John. *Two Treatises of Government*. London: A. Bettesworth; J. Pemberton; E. Symon, 1728. cap. X, § 132, p. 230 *et seq.*

[10] MONTESQUIEU, Charles. *The Esprit of Laws*. Trad. Thomas Nugent. New York: Hafner Press, 1949. liv XI, cap. VI, p. 149 *et seq.*; THOMAS, Frank; FLETCHER, Herbert. *Montesquieu and English Politics*: 1750-1800. Philadelphia: Porcupine Press, 1980. p. 107 *et seq.*

Já por aquele tempo, Montesquieu andava com problemas com a Igreja Católica. O livro foi a gota d'água para suas obras serem inscritas no Index dos livros proibidos à cristandade.[11]

Montesquieu vira no governo inglês, limitado pela separação de poderes entre o rei, o parlamento e as cortes, o modelo ideal de Estado para garantia das liberdades. Fora assim que dividira o poder em soberano e administrativo.[12] O primeiro seria um poder primário, total ou pleno que se institucionalizaria no poder administrativo, repartido, por sua vez, em legislativo, executivo e judicial. Coexistiriam separação e dependência entre os três ramos administrativos. Separação, porque a cada um eram dadas uma estrutura própria e uma função especializada. Dependência, em virtude de uma série de complementos de atividades ou controles recíprocos. Se ao legislativo era dada a feitura das leis, ao executivo caberia o veto. O judiciário independente estaria, entretanto, vinculado às leis, assim, aprovadas. A ideia básica era evitar concentração e excessos de poder. Podemos nos perguntar como essa proposta de governo limitado poderia ter provocado a ira eclesiástica. A razão é simples. Ela contrariava a estrutura orgânica dos três Estados que compunham a monarquia absolutista (clero, nobreza e povo) e, com ela, feria os privilégios dos dois primeiros Estados, além de jogar por terra o conceito de legitimidade e de autoridade sustentado pela Igreja havia mil anos... Jesuítas e jansenistas criticavam-no, ainda, por seu deísmo e apologia à "religião natural".[13]

A leitura do governo inglês, realizada por Montesquieu, não fora muito correta, notadamente porque a separação de poderes como apresentada por ele não correspondia à realidade, notadamente pelos vínculos existentes entre o gabinete de governo (parte do executivo) e o parlamento.[14] Uma interpretação equivocada que, por outro lado, deu origem à teoria de governo limitado acolhida pela generalidade dos Estados constitucionais. É certo que envolta em problemas. A distinção de poderes do parlamentarismo, como revelara o caso inglês, é bem diferente do que ocorre no presidencialismo. Aqui se fala em separação,

---

[11] SHACKLETON, Robert. *Montesquieu*: a Critical Biography. Oxford: Oxford University Press, 1961; CONROY, Peter V. *Montesquieu Revisited*. New York: Twayne, 1992.
[12] MONTESQUIEU, Charles. *The Esprit of Laws*. Trad. Thomas Nugent. New York: Hafner Press, 1949. v.1, liv XI, cap. VI, p. 160 *et seq.*; THOMAS, Frank; FLETCHER, Herbert. *Montesquieu and English Politics*: 1750-1800. Philadelphia: Porcupine Press, 1980. p. 107 *et seq.*
[13] Não sem acerto, pois e m 1716, Montesquieu publicara *Dissertation sur la Politique des Romains*, denunciado a religião como instrumento de dominação.
[14] BONNO, Gabriel. *La Constitution Britannique Devant L'opinion Française de Montesquieu à Bonaparte*. Paris: Champion, 1932.

enquanto ali se prefere falar de "separação fraca", "divisão" ou mesmo "fusão de poderes". Muitas funções, com o passar do tempo, foram compartilhadas pelos três poderes, além de terem surgido ou ganhado autonomia outras tantas. Agências, órgãos ou instituições foram criados sem integrar qualquer dos três poderes, seja em sua estrutura, seja em suas funções.

As adaptações da teoria à prática foram, como vemos, distintas. Chama a atenção ainda a forma como Montesquieu se referia ao *status* do judiciário. Para ele, tratava-se de um poder funcionalmente independente. Por ser o menos perigoso, poucos eram os mecanismos de seu controle, notadamente do exercício de sua atividade judicante. Na realidade, os juízes desde cedo passaram a gozar de estabilidade reforçada ou vitaliciedade e plena independência no desempenho de suas tarefas. Apenas vícios de conduta poderiam fazê-los perder o cargo. Organicamente, a separação deixava a desejar. A escolha de seus membros ficou entregue, via de regra, ao executivo, assim como o orçamento. Essa vinculação era ainda mais forte na Europa Continental. Os juízes, por serem identificados com os desmandos dos reis absolutos, não gozavam de muito prestígio e confiança.

As relações de dependência do judiciário ao executivo, com o esmaecer das inquietações que só o tempo produz, começaram a despertar críticas. Um juiz imparcial e independente era essencial para o estabelecimento de um Estado constitucional, não podendo se achar, ainda que indiretamente, vinculado aos humores (e teleologia) do executivo. Foi dentro desse quadro que se começaram a desenhar os conselhos de justiça. Primeiramente na Itália e depois na França. No começo, eram uma espécie de braço mais destacado do executivo destinado a cuidar dos assuntos administrativos do judiciário, tornando-se depois o órgão encarregado de assegurar a autonomia dos juízes mesmo em face do executivo. Hoje, com a sua difusão por diversos países, cuidam do planejamento, do orçamento, dos concursos de ingresso e da disciplina do judiciário.

II

O Conselho Nacional de Justiça brasileiro teve a inspiração europeia sem dúvida. Mas com propósito bem distinto. Não havia por aqui dependência judicial, mas uma autonomia orgânica e mesmo funcional desarticulada e propensa a excessos ou desvios. Christiane Vieira Soares Pedersoli bem nota em seu trabalho essa diferença de motivação. Sem falar da assimetria de recursos e de gerenciamento da máquina judiciária. Uma Comissão Parlamentar de Inquérito, instalada em março de 1999, talvez por razões menos nobres do que as oficialmente declaradas, acabou por diagnosticar os quadros de relativa anomia administrativa em alguns órgãos judiciários. Escândalos como o superfaturamento da obra do TRT-SP criaram o ambiente político necessário para trazer ao Brasil o modelo já não mais europeu, mas quase mundial, dos conselhos. Na verdade, a ideia já encontrava adeptos dentro do próprio Supremo Tribunal Federal no início dos anos 1990. Com uma composição heterogênea e funções diversificadas, a Emenda Constitucional nº 45/2004 o instituiu sob as críticas dos que nele viam um atentando à independência judicial e ao federalismo. Tratava-se, no entanto, de órgão nacional com função puramente administrativa. Um judiciário nacional uno e a falta de atribuição do CNJ para se imiscuir nas atividades judiciais finalísticas afastaram as suspeitas de inconstitucionalidade.[15]

No presente livro, Christiane Pedersoli, de forma objetiva, sem perder profundidade, debruça-se sobre o poder regulamentar do conselho. Haveria, por aqui, espaços constitucionais para que pudesse inovar a ordem jurídica por meio de resoluções adotadas pelo órgão? Guardando as especificidades de vários sistemas constitucionais analisados, notadamente França, Itália, Espanha, Portugal e Argentina, a autora responde que não, a considerar-se o modelo constitucionalmente adotado de regulamento executivo (art. 84, VI, CRFB). A seguir mais diretamente a solução espanhola, pela sua vizinhança com o sistema brasileiro, restringe esse poder regular às matérias constantes do Estatuto da Magistratura (art. 93, *caput*, CRFB).

III

O Estado constitucional avança, entre dogmatismos e práticas, a redefinir, absorver e descartar certos conteúdos. A presença do Conselho Nacional nos quadros dos poderes constitucionais no Brasil certamente tem provocado rearranjos de tarefas e perfis institucionais que repercutem diretamente nas competências e *status* dos demais órgãos constitucionais. O velho Barão de Montesquieu, embora míope na visão do modelo político inglês, conseguiu estabelecer as bases da organização política dominante após o século XVIII. Essas bases passaram por remodelações teóricas e práticas desde então. Era previsível. A vida e as necessidades não param, gerando, por certo, novas conformações

---

[15] BRASIL. Supremo Tribunal Federal. ADI nº 3367/DF.

das relações interorgânicas e no funcionamento do Estado. Resta saber, mais especificamente, como andará a separação dos poderes no futuro e, nos domínios judiciários brasileiros, como se desenvolverá o CNJ. A tarefa não é das mais simples. Os elementos que deveremos considerar para formar uma ideia desse cenário e, principalmente, para interferir em seu processo, de modo a aperfeiçoá-lo, dependem de um exame apurado da realidade, da história e do momento. Para isso, os subsídios trazidos pelo livro são significativos.

José Adércio Leite Sampaio

Doutor em Direito Constitucional. Professor da PUC Minas, ESDHC e UNICEUB. Procurador-Regional da República.

INTRODUÇÃO

Vive-se um período de transição nos sistemas judiciários, alavancado pelo colapso ou inadequação dos modelos organizatórios até então adotados. O terceiro poder encontra-se no ápice da crise, o que repercute como um fenômeno mundial, mormente em Estados europeus e latino-americanos. Tal crise é motivada principalmente pela constatação por parte da opinião pública da falta de transparência do Poder Judiciário e pela perda da eficiência e proteção social (DIAS, 2000).

Com a difusão do Estado Democrático de Direito, assistiu-se à transferência da legitimidade estatal, antes centralizada nos Poderes Executivo e Legislativo, para o Poder Judiciário, que assumiu o papel de despolitização dos conflitos sociais, de promoção dos direitos de terceira geração (DIAS, 2000). O Poder Judiciário ocupou então o papel de instituição protagonista.

Tal deslocamento da legitimidade estatal para o Poder Judiciário representa uma evolução que perpas sou o Estado Liberal, o Estado Social e agora se concretiza no Estado Democrático de Direito. Nesse sentido, pontua Streck:

> [...] no Estado Liberal, o centro de decisão apontava para o Legislativo (o que não é proibido é permitido, direitos negativos); no Estado Social, a primazia ficava com o Executivo, em face da necessidade de realizar políticas públicas e sustentar a intervenção do Estado na economia; já no Estado Democrático de Direito, o foco de tensão se volta para o Judiciário. [...] Inércias do Executivo e falta de atuação do Legislativo passam a poder ser supridas pelo Judiciário, justamente mediante a utilização dos mecanismos jurídicos previstos na Constituição que estabeleceu o Estado Democrático de Direito. (STRECK, 2005, p. 55)

Assim, muitas questões relevantes da vida pública brasileira "são debatidas hoje à luz da Constituição, o que decorre da retomada de uma dimensão mais profunda do Estado de Direito e dos esforços no sentido da consolidação do princípio democrático" (BARACHO JÚNIOR, 2006, p. 220).

Em 10 de maio de 2008, foi comemorado, pelo Supremo Tribunal Federal (STF), o Bicentenário do Judiciário Independente no Brasil. A elevação da Relação do Rio de Janeiro à Casa de Suplicação do Brasil durante o período colonial, por meio do Alvará de 10 de maio de 1808, do Príncipe Regente Dom João VI, marcou o início de um processo de organização do Poder Judiciário no Brasil (SAMPAIO, 2007). Mas é importante notar que de fato só se pode falar em Judiciário propriamente brasileiro a partir de 1822, com a emancipação política do Brasil em relação a Portugal. Na Constituição que inaugurou a era imperial, em 1824, consta o Poder Judiciário dentre os quatro Poderes do Estado, juntamente com os Poderes Legislativo, Moderador e Executivo (artigo 10). Desde a promulgação da primeira Carta Política brasileira, importantes evoluções e mudanças foram observadas.

Apesar de se falar formalmente em Judiciário independente desde 1824, a sua autonomia efetiva só veio a ser conquistada na Carta Magna de 1988, com o advento da sua independência orçamentário-financeira, além da manutenção das garantias institucionais que já lhe cabiam.

A partir de 1988, o Judiciário brasileiro surgiu como "ator político novo e poderoso" (SAMPAIO, 2007, p. 101), responsável pela concretização do amplo rol de direitos fundamentais enunciados na Constituição da República. O protagonismo judiciário evidenciou as falhas de tal instituição e mais, ao ser o governo importunado pelas inúmeras ações ajuizadas em todo o território nacional, passou a ser considerado inconveniente. Nesse contexto, projetos de reforma do Judiciário começaram a ser elaborados, merecendo destaque a Proposta nº 96/1992, de autoria de Hélio Bicudo, que inaugurou referido tema (BANDEIRA, 2003).

A reforma do Poder Judiciário é o cerne de discussões tanto no Brasil quanto nos Estados que adotam o modelo europeu-latino de conselhos da magistratura, como será adiante exposto. Nesse sentido, várias alterações legislativas e constitucionais estão sendo empreendidas, na busca, em tese, de fortalecimento da independência do Judiciário e de melhoria na administração dos tribunais. Destaca-se a instituição dos conselhos da magistratura como o ponto fulcral das mesmas.

Nos últimos quinze anos, inúmeros conselhos foram criados nos Estados latino-americanos, geralmente com o suporte e financiamento de organismos internacionais (HAMMERGREN, 2002). Referidos órgãos surgem, num primeiro momento, como meios de se solucionar a crise do Terceiro Poder e transferir a gestão do Judiciário para um corpo organizado e destinado a tal finalidade. No Brasil indagou-se, por muitos anos, se eles seriam simples panaceias ou instrumentos eficazes.

A reforma do Judiciário no ordenamento pátrio, implementada mormente pela Emenda Constitucional nº 45/2004, avulta como ponto culminante de um processo já gestado nos debates da Constituinte de

1987, vindo de encontro à crise do sistema de justiça e à incapacidade de respostas às demandas sociais formuladas.

Feitosa (2007) destaca que a criação do conselho foi marcada por grandes tensões, haja vista o intenso *lobby* no Congresso Nacional por magistrados que se opunham à proposta, organizados em associações, bem como por aqueles que defendiam o controle externo do Judiciário. Adotando posicionamento contrário ao referido controle, manifestaram-se o então presidente do Supremo Tribunal Federal (STF), Ministro Marco Aurélio, e o do Superior Tribunal de Justiça (STJ), Ministro Nilson Naves, que não viam a instituição do conselho com bons olhos (ROSA; NAVARRO; CUNEGUNDES, 2002).

Com a aprovação da proposta de número 29/2000, seguiu-se a Emenda Constitucional nº 45/2004, promulgada em 08 de dezembro de 2004.

Em 09 de dezembro de 2004, um dia após a mencionada promulgação, foi ajuizada ação direta de inconstitucionalidade com pedido de medida cautelar pela Associação dos Magistrados Brasileiros (AMB), no STF, face aos dispositivos que instituíram e estabeleceram as competências do Conselho Nacional de Justiça (CNJ). Tal feito restou julgado em 13.04.2005, declarando-se a constitucionalidade do conselho, por maioria de votos.

Superadas as discussões acerca da implantação do CNJ, com a decisão proferida na ADI nº 3367/DF, em que se firmou sua conformação aos ditames constitucionais, o cerne do debate transferiu-se para as atribuições de mencionado órgão.

A presente obra objetiva provocar uma reflexão sobre a atribuição regulamentar do Conselho Nacional de Justiça, levando em conta as principais resoluções até o momento emitidas. Importa, pois, discutir os limites das mesmas, questionar se o conselho tem poder para emitir atos regulamentares com força de lei (CLÈVE; STRECK; SARLET, 2005).

Para tanto, foi essencial uma análise sobre a evolução do poder regulamentar no Brasil, passando pela edição da Emenda Constitucional nº 32/2001 e pelos questionamentos acerca da existência dos regulamentos autônomos no Brasil. Abordou-se, outrossim, a conceituação do regulamento no direito pátrio e estrangeiro, a evolução da vinculação da Administração Pública à reserva de lei formal até a aplicação do princípio da juridicidade, bem como as formas de concretização da Constituição da República em nível regulamentar.

Posteriormente, um exame do CNJ enquanto órgão constitucional, perpassando sua natureza, funções e legitimidade, permitiu situá-lo e, principalmente, compreender sua finalidade.

Quanto ao cerne desse trabalho — competência regulamentar do CNJ — primeiramente coube delimitar seu fundamento e sua natureza. Após tal etapa, foram destacadas as principais resoluções até o momento expedidas, a jurisprudência do STF sobre elas e respectivos limites constitucionais.

O Direito Comparado assume, nesse livro, especial relevo, haja vista a necessidade de se apreender a experiência estrangeira sobre o autogoverno do Poder Judiciário. Assim, extrair questões-chave partindo da análise de conselhos da magistratura no Direito Comparado, depurá-las e compreender o contexto em que se deram, configura-se algo relevante no atual momento por que passa o conselho brasileiro.

Dessa forma, como o CNJ integra o modelo europeu-latino de conselhos da magistratura, foram selecionados, para estudo, quatro conselhos europeus — o espanhol, o italiano, o português e o francês — e um latino-americano — o argentino —, tendo em vista as peculiaridades de seu poder regulamentar.

A partir do exame do poder regulamentar de tais instituições no direito estrangeiro, foi possível lançar um "olhar desabituado" — nas palavras de Rivero (1995) — sobre as resoluções do CNJ. É preciso refletir e, possivelmente, aplicar em nosso ordenamento a experiência já adquirida por tais Estados.

A necessidade atual de se definir a natureza do poder regulamentar do CNJ, e de rever os posicionamentos adotados pelo STF quanto às resoluções do conselho conduziram, em síntese, o presente trabalho.

Capítulo 1

Poder de Concretização Normativa Regulamentar da Constituição da República Brasileira

Sumário: 1.1 Ato administrativo regulamentar e as repercussões da Emenda Constitucional nº 32/2001 (poder regulamentar autônomo no Brasil?) – **1.2** O poder regulamentar autônomo no ordenamento francês – **1.3** Concretização normativa direta e indireta da Constituição da República de 1988 em nível regulamentar – **1.4** Da legalidade formal à vinculação da Administração Pública ao princípio da juridicidade

1.1 Ato administrativo regulamentar e as repercussões da Emenda Constitucional nº 32/2001 (poder regulamentar autônomo no Brasil?)

No presente capítulo faz-se essencial, *a priori*, um breve estudo sobre a conceituação e a seara de atuação do ato administrativo regulamentar, para que se possa compreender, posteriormente, a natureza e os limites da atribuição regulamentar do Conselho Nacional de Justiça.

Tratando-se de normatização infralegal, é importante distinguir os dois conceitos que comumente causam confusão em nossa doutrina, posto terem a mesma etimologia — regular e regulamentar. Ruaro e Curvelo destacam que:

> No significado normativo regulamentar — mediante a expedição de decretos, portarias, resoluções, regulamentos — é atividade meio, ou seja, é atuação instrumental da Administração Pública que se autovincula na execução das leis. De outro lado, pode-se dizer que regular, enquanto parcela do poder normativo da Administração Pública, corresponde à edição de regras jurídicas harmonizadoras de interesses, no seio da sociedade. (RUARO; CURVELO, 2007, p. 109)

Tal equívoco provavelmente provém do uso do termo inglês *regulate*, o qual possui sentido mais abrangente nos Estados Unidos, pois se relaciona com toda a amplitude de poder das *administrative regulatory agencies*. As intituladas "agências regulatórias" no Brasil, não obstante a procedência e inspiração norte-americana, estão longe da abrangência das *agencies*. Assim, é mais adequado traduzir referido termo inglês por "regular" e não "regulamentar" (ALMEIDA, 2006, p. 125). Passemos, pois, à conceituação clássica de regulamento, pela doutrina brasileira. Mello (2002, p. 305) considera o regulamento, segundo o nosso ordenamento, "ato geral e (de regra) abstrato, de competência privativa do Chefe do Poder Executivo, expedido com a estrita finalidade de produzir as disposições operacionais uniformizadoras necessárias à execução de lei cuja aplicação demande atuação da Administração Pública".

Seguindo a mesma vertente do regulamento de execução, Gasparini (2007, p. 124) conceitua o regulamento como "ato administrativo normativo, editado mediante decreto, privativamente pelo Chefe do Poder Executivo, segundo uma relação de compatibilidade com a lei para desenvolvê-la".

Medauar (2007), considerando admissíveis tão somente os regulamentos de execução no direito brasileiro, classifica-os como atos administrativos definidores de normas gerais e de competência privativa do Poder Executivo.

No mesmo sentido, expõe Di Pietro (1995, p. 75), segundo a qual, o poder regulamentar é privativo do Chefe do Executivo, exteriorizando-se por decreto e "somente se exerce quando a lei deixa alguns aspectos de sua aplicação para serem desenvolvidos pela Administração".

Meirelles (2000, p. 170), por sua vez, denotando um caráter não meramente explicativo do regulamento, mas também supletivo em relação à lei (suas minúcias, mais precisamente), define-o como um ato administrativo, posto em vigência por decreto, "para especificar os mandamentos da lei ou prover situações ainda não disciplinadas por lei".

Ferraz, em posição bem semelhante à de Meirelles, citado por Ruaro e Curvelo (2007, p. 109), define o regulamento como "ato administrativo, de caráter normativo, com a finalidade de especificar os mandamentos da lei ou de prover situações ainda por ela não disciplinadas, emitido por órgão ou agente no exercício de função não legislativa".

Verifica-se, portanto, que, segundo a conceituação dominante apresentada em nosso ordenamento pátrio, o regulamento configura um ato administrativo de caráter normativo, privativo do Chefe do Poder Executivo e destinado à execução legal.

Binenbojm (2006) assevera que, malgrado parte da doutrina nacional considerar os regulamentos como lei em sentido material (tendo em vista serem gerais em relação aos seus destinatários e abstratos quanto às hipóteses), eles nunca terão a mesma eficácia normativa e a estatura hierárquica de um ato com força de lei.

Referida afirmativa nos remete a Leal (1945, p. 63), segundo o qual, nos regimes de constituição rígida, marcados pela supremacia constitucional sobre as leis, impõe-se uma hierarquia de três níveis — em primeiro lugar está a Constituição, em segundo, as leis e, em terceiro, os regulamentos. Para ele, em referida gradação, "a generalidade acompanha a obrigatoriedade", possuindo o regulamento menor grau de generalidade.

A doutrina lusitana, a seu turno, não apresenta divergência em relação à concepção brasileira de ato regulamentar. Caetano (2003, p. 82), por exemplo, considera o regulamento composto de normas de caráter geral e execução permanente. Constituindo "uma autodisciplina da Administração Pública", para o referido professor trata-se de uma forma de se obter o "procedimento regular, harmônico e coerente dos seus órgãos e agentes na execução dos encargos que lhe são cometidos por lei e facilitar os contactos com os particulares".

Canotilho (2003, p. 833) destaca que o regulamento é emanado pela Administração ao desempenhar a função administrativa, tendo, via de regra, "caráter executivo e/ou complementar da lei".[1]

Miranda (2007, p. 278) enquadra os regulamentos entre os intitulados "actos jurídico-públicos", posto constituírem atos do Estado (ou do Estado e das demais entidades públicas) no desempenho de um Poder Público, sujeitando-se a normas de Direito Público.

Em consonância às posições anteriores, Gordillo (2007) considera os regulamentos atos materialmente legislativos, pois "o regulamento forma parte do Ordenamento",[2] mas organicamente administrativos.

Diversamente ao posicionamento apresentado por Gordillo, o professor argentino Bielsa (1947, p. 332) inadmite que os regulamentos constituam atos legislativos, não obstante conterem normas gerais, posto considerar sua emanação sempre uma "atividade administrativa",[3] qualquer seja sua natureza.

---

[1] E ainda afirma: "É um *acto normativo* e não um acto administrativo singular; é um acto normativo mas não um acto normativo com valor legislativo" (CANOTILHO, 2003, p. 833).
[2] "el reglamento forma parte del Ordenamiento." Toda tradução sem indicação de autoria pertence à autora desta obra.
[3] "actividad administrativa."

Na doutrina espanhola, Cuesta (1999), frisando a confusão causada pela conceituação do regulamento através das diferentes formas pelas quais se pode exteriorizar (não obstante prevaleçam os decretos), afirma que:

> Sempre, pois, que nos deparamos com um ato normativo emitido pela Administração, em qualquer de suas vertentes — a administração central, local ou institucional — por força da sua competência própria, estaremos na presença de um regulamento. Sem que aos efeitos dessa designação importe a forma da sua promulgação ou o termo utilizado para designá-lo.[4] (CUESTA, 1999, p. 115)

García de Enterría e Fernández (1998, p. 167), de igual expoência na doutrina espanhola, afirmam que o regulamento é "toda norma escrita ditada pela Administração".[5] Não admitem, no mesmo sentido de Bielsa, o regulamento como lei em sentido material, pois diante do caráter supremo das leis (observada a Constituição) na criação do Direito, sublinham que referida qualidade não pode ser atribuída a uma norma de caráter inferior como o regulamento.

Compactuando do mesmo posicionamento, o professor alemão Maurer (2000, p. 25) — destacando o caráter secundário do regulamento — considera-o uma "disposição de direito, mas não disposição de direito original, e sim, derivado".[6]

Na Itália, em contexto divergente do brasileiro, distingue-se mais flexibilidade quanto à matéria tratada pelo poder regulamentar, sendo mais aceitos os regulamentos autônomos. Berti (1994, p. 209-210) não considera o regulamento diferenciável da lei, necessariamente por seu conteúdo distinto, nem sequer pelo mecanismo de incidência no ordenamento. Segundo o referido autor, a partir do Estado parlamentar italiano, o regulamento é uma *fonti secondarie*, sendo assim, subordinado à lei

> tanto no sentido de que seu conteúdo não pode contrariar as disposições das leis, tanto no sentido de que as leis podem tolher pela metade as disposições regulamentares, tanto no sentido de que, em qualquer caso, o poder de emanar regulamentos é condicional à autorização do

---

[4] "Siempre, pues, que nos encontremos con un acto normativo dictado por la Administración, en cualquiera de sus vertientes —la central, la local o la institucional—, en virtud de su competencia propia, estaremos en presencia de un reglamento. Sin que a los efectos de esta designación importe la forma de su promulgación o el término empleado para designarlo."
[5] "toda norma escrita dictada por La Administración."
[6] E completa: "Ela não apresenta uma infração verdadeira da divisão de poderes, porque o dador de regulamentos somente pode tornar-se ativo segundo o ajuste do dador de leis" (p. 25).

legislador, mesmo que genérica, ou à sua vontade explícita, mesmo que o próprio texto normativo seja concluído, integrado ou especificada por um regulamento.[7]

Vale mencionar que, no ordenamento italiano, dada a falta de clareza quanto ao domínio da reserva de lei na Constituição, os regulamentos autônomos advêm, muitas vezes, da omissão legislativa. Assim, como salienta Moncada (2002, p. 565), eles são vistos, nesse caso, "como uma norma inicial, mas não como uma norma primária e, portanto, equiparada à lei".

Quanto ao poder regulamentar no ordenamento francês, ele será tratado no próximo subitem, à parte, em virtude de sua maior peculiaridade.

Diante desse estudo sobre a conceituação do regulamento na doutrina brasileira e, segundo alguns expoentes da doutrina internacional, apesar da diversidade de termos adotados, prevalece a premissa de submissão do regulamento à lei, bem como o caráter administrativo do mesmo. A respeito dos esforços no sentido da conceituação do regulamento, mostra-se conclusiva a posição de Sampaio:

> Em face da variedade de formas que assume hoje nos diversos sistemas constitucionais, o regulamento desafia qualquer um que intente apresentar-lhe um conceito ontológico ou no âmbito de uma teoria que valha em geral para todos os domínios. Via de regra, os esforços se fazem sempre na linha distintiva do conceito de lei, com resultados bem diversos, como seria de se esperar. (SAMPAIO, 2002, p. 458)

Seguindo essa vertente distintiva da lei, destaca-se a indiscutibilidade da diferença do grau de hierarquia entre uma lei e um regulamento. Salientando-se a posição de García de Enterría e Fernández (1998, p. 168), o regulamento só tem em comum com a lei o fato de ser norma escrita; indubitável, todavia, ser uma "norma secundária, subalterna, inferior e complementar da lei".[8]

Nesse sentido Faria (2007) contempla que, no ordenamento brasileiro, o regulamento se adstringe aos limites da lei, sob pena de aferição de ilegalidade e consequente invalidade.

---

[7] "sia nel senso che Il loro contenuto non può contraddire alle disposizioni di leggi, sia nel senso che le leggi possono togliere di mezzo disposizioni regolamentari, sia nel senso che, in ogni caso, Il potere di emanare norme regolamentari è condizionato all' autorizzazione del legislatore, anche se generica, oppure alla volontà esplicita del legislatore stesso che un próprio testo normativo sia completato o integrato o specificato da un regolamento."
[8] "norma secundaria, subalterna, inferior y complementaria de La Ley."

É cediço que, em um regime de legalidade, o administrador deva submeter sua atividade aos termos legais (CAETANO, 2003).[9] É sempre válido recordar que a discricionariedade legislativa no Direito Administrativo se exerça nos limites da lei, jamais se confundindo com arbitrariedade (JUSTEN FILHO, 2006).

No tocante ao conteúdo do regulamento, dado seu caráter secundário e hierarquicamente inferior à lei, a doutrina brasileira assume uma posição originária de inadmissibilidade do regulamento autônomo, a partir do regime constitucional de 1988. Destarte, a função normatizadora primária caberia à lei ou a situações específicas como às leis delegadas, previstas nos artigos 59, IV, e 68 da CR/88 (CARVALHO, 2008) ou às medidas provisórias (artigos 59, V, e 62 da CR/88).

Em consonância à redação originária do artigo 84, IV[10] e VI,[11] CR/88, admitia-se majoritariamente apenas o regulamento de execução no direito brasileiro. Nesse sentido, Clève (2000, p. 294) afirmava:

> Ora, se os regulamentos de organização devem ser editados "na forma de lei", é porque não podem ser introduzidos independentemente da lei. Inobstante o poder regulamentar, quando dirigido à produção de efeitos no interior da Administração, seja mais extenso que aquele conferido pelo inc. IV do art. 84, nem por isso autoriza o Presidente da República a editar regulamentos autônomos.

Adepto de posição contrária e minoritária, Grau (2002, p. 247) faz a leitura do comando de legalidade previsto no artigo 5º, II, da Constituição, de forma relativa, intitulando-a como reserva de norma e não reserva da lei; pelo que admite o "ato normativo não legislativo, porém regulamentar (ou regimental)", a definir obrigação de fazer ou não fazer. Desse modo, identifica e legitima os regulamentos autônomos no ordenamento brasileiro como decorrentes "de atribuição de função normativa implícita no texto constitucional" (p. 253).

---

[9] Muito embora haja uma larga zona na administração em que a Política, como liberdade de escolha de vias de realizar o interesse público, ou a Técnica, como sistema de processos idôneos para alcançar os fins visados, tenham de ter o seu lugar, mesmo aí é a lei que está no princípio da atribuição da competência dos órgãos que realizam opções políticas ou determinam operações técnicas (CAETANO, 2003, p. 79).

[10] "Art. 84. Compete privativamente ao Presidente da República:
[...]
IV. sancionar, promulgar e fazer publicar as leis, bem como expedir decretos e regulamentos *para sua fiel execução*" (grifos nossos).

[11] "[...] VI. dispor sobre a organização e o funcionamento da administração federal, *na forma da lei*; [...]" (grifos nossos).

À parte os fundamentos de Grau (2002), e de acordo com a posição majoritária da doutrina nacional, o poder regulamentar só poderia ser exercido de forma indireta, nos estritos limites legais, não encontrando na Constituição sua força normativa primária.

A respeito dos limites do poder regulamentar, Sampaio, recordando as lições de Pontes de Miranda (1960), depõe que:

> Embora o regulamento não se limite a repetir o texto da lei, tem por função precípua minudenciar a disciplina normativa que torne a lei mais exeqüível e operativa, integrando-a como um residual poder de colmatação de suas lacunas de natureza técnica, ainda que a dúvida séria deixada pelo legislador não possa vir a ser por ele resolvida. (SAMPAIO, 2007, p. 277)

Após a edição da Emenda Constitucional nº 32/2001, a qual modificou, dentre outros, o teor do artigo 84, VI, CR/88,[12] o indigitado posicionamento sofreu alterações, tendo o debate acerca dos limites do poder regulamentar se intensificado em meio aos doutrinadores nacionais (BINENBOJM, 2006).

Ao se permitir que o Chefe do Poder Executivo nacional disponha, mediante decreto, acerca da organização e funcionamento da administração federal — quando isso não importar em aumento de despesa nem criação ou extinção de cargos públicos, bem como sobre a extinção de funções ou cargos públicos — estando os mesmos vagos —, indubitável que nosso ordenamento passe a admitir o poder regulamentar autônomo, nessas hipóteses excepcionais.

Ressalte-se que a mencionada mudança no artigo 84 acabou por repercutir em dispositivos que tiveram também sua redação alterada em vista ao deslocamento de competências normativas do Congresso Nacional para o Chefe do Executivo.[13]

---

[12] "Art. 84. Compete privativamente ao Presidente da República:
[...]
VI – dispor mediante decreto, sobre:
organização e funcionamento da administração federal, quando não implicar aumento de despesa nem criação ou extinção de órgãos públicos;
extinção de funções ou cargos públicos, quando vagos."

[13] Assim, por exemplo, o artigo 48, que dispõe sobre as competências normativas do Congresso Nacional, incluía entre as mesmas:
"X. criação, transformação e extinção de cargos, empregos e funções públicas;
XI. criação, *estruturação e atribuições* dos Ministérios e órgãos da Administração Pública."
Após a EC nº 32, referidos incisos passaram a ter a seguinte redação:
"X. criação, transformação e extinção de cargos, empregos e funções públicas, *observado o que estabelece o art. 84, VI, b;*
XI. criação e extinção de Ministérios e órgãos da administração pública" (grifos nossos).

Assim, exercendo o seu papel de "norma-começo do Ordenamento", a Lei Magna, "dando as cartas no interior desse Ordenamento", mudou as regras do jogo em relação aos regulamentos no Brasil (BRITTO, 2006, p. 124). Parte da nossa doutrina começou a entender que o Poder Executivo, nas hipóteses restritas do artigo 84, VI, CR/88, dispõe de competência regulamentar autônoma, retirando diretamente de dispositivo constitucional o seu fundamento, sem necessidade de lei prévia.

Tal posicionamento restou inclusive consagrado pelo julgamento da ADI nº 2.564-DF, no qual o STF entendeu não ocorrer ofensa ao princípio da reserva legal, quando o decreto do Presidente da República dispuser sobre a organização e funcionamento da Administração Federal, em observância ao art. 84, VI, CR/88 (CARVALHO, 2008).

Porém, impossível olvidar que o poder regulamentar do Chefe do Executivo se mantém sob controle do Legislativo, o qual possui poder de sustar os atos normativos exorbitantes (artigo 49, V, CR/88), além de estar sujeito à jurisdição constitucional (CLÈVE; STRECK; SARLET, 2005). Tais restrições só vêm a corroborar com o princípio de reserva de lei, instrumento de preservação de direitos e garantias fundamentais, demonstrando que a EC nº 32 manteve incólume a preeminência legal, conforme jurisprudência do STF:

> O princípio da reserva de lei atua como expressiva limitação constitucional ao poder do Estado, cuja competência regulamentar, por tal razão, não se reveste de suficiente idoneidade jurídica que lhe permita restringir direitos ou criar obrigações. Nenhum ato regulamentar pode criar obrigações ou restringir direitos, sob pena de incidir em domínio constitucionalmente reservado ao âmbito de atuação material da lei em sentido formal. — O abuso de poder regulamentar, especialmente nos casos em que o Estado atua "contra legem" ou "praeter legem", não só expõe o ato transgressor ao controle jurisdicional, mas viabiliza, até mesmo, tal a gravidade desse comportamento governamental, o exercício, pelo Congresso Nacional, da competência extraordinária que lhe confere o art. 49, inciso V, da Constituição da República e que lhe permite "sustar os atos normativos do Poder Executivo que exorbitem do poder regulamentar (...)". (BRASIL, STF, ACO-QO 1048/RS, Rel. Min. Celso de Mello, *DJ*, 31 out. 2007)

Importante destacar a obstinação de alguns doutrinadores brasileiros em ainda negarem, veementemente, a existência de regulamentos autônomos no Brasil, mesmo após a edição da Emenda Constitucional nº 32.

Os regulamentos autônomos são aqueles que encontram na Constituição seu fundamento imediato de existência, seja explícita ou implicitamente, prescindindo de diploma legal para sua criação

(BINENBOJM, 2006). Segundo Clève, que só considera regulamentos, tecnicamente, os atos emanados do Poder Executivo, os regulamentos autônomos importam "partilha do poder normativo entre o Executivo e o Legislativo" (CLÈVE, 2000, p. 293).

Mello invoca o princípio da legalidade, previsto nos artigos 5º e 37 da Constituição, de modo a asseverar que, no ordenamento brasileiro, não há lugar senão para os regulamentos executivos, concluindo que

> é livre de qualquer dúvida ou entredúvida que, entre nós, por força dos arts. 5º, II, 84, IV, e 37 da Constituição, *só por lei se regule liberdade e propriedade; só por lei se impõem obrigações de fazer ou não fazer*. Vale dizer: *restrição alguma à liberdade ou à propriedade pode ser imposta se não estiver previamente delineada, configurada e estabelecida em alguma lei*, e só para cumprir dispositivos legais é que o Executivo pode expedir decretos e regulamentos. (MELLO, 2002, p. 317, grifos do autor)

Adota a mesma interpretação sistêmica da Constituição, para rechaçar os regulamentos autônomos no Brasil, Justen Filho (2006).

Sampaio (2002) assevera que a atribuição, em sistemas presidencialistas como o adotado no Brasil, de um poder normativo autônomo ao Executivo, gera mais dúvidas que aprovação, ao contrário do que ocorre em regimes parlamentaristas, nos quais o governo assume responsabilidade política em relação ao Parlamento.

Binenbojm observa a formação de três correntes doutrinárias referentes ao poder regulamentar em nosso ordenamento, após a edição da EC nº 32, cuja citação mostra-se oportuna:

> (I) a primeira, composta por aqueles que continuam a negar a existência dos regulamentos autônomos no Brasil, a partir de uma compreensão rígida do princípio da legalidade, como vinculação *positiva* da Administração à lei;
> (II) a segunda, em sentido diametralmente oposto, entendendo que a nova modalidade do art. 84, VI, a, ocorrerá em âmbito de *reserva de administração* (na modalidade de *reserva de poder regulamentar*), imune à lei em sentido formal, que simplesmente não mais poderá dispor sobre organização e funcionamento da Administração Pública em matérias que não importem aumento de despesa, exceto no que disser respeito à criação e extinção de órgãos, sob pena de configuração de inconstitucionalidade formal;
> (III) e a terceira, reconhecendo a existência de uma nova espécie de regulamento [...], mas mantendo incólume o princípio da *preferência da lei*; ou seja: a matéria relativa à organização e funcionamento da Administração Pública pode até ser tratada por regulamento, mas no caso de superveniência de lei de iniciativa do Presidente da República, esta

prevalecerá no que dispuser em sentido diverso. [...] De igual modo, será cabível a expedição de regulamentos autônomos em espaços normativos não sujeitos constitucionalmente à reserva de lei (formal ou material), sempre que à míngua do ato legislativo, a Administração Pública estiver compelida a agir para cumprimento de seus deveres constitucionais Também neste caso, por evidente, assegura-se a preeminência da lei superveniente sobre os regulamentos até então editados. (BINENBOJM, 2006, p. 168-169, grifos do autor)

Cabível destacar que Binenbojm (2006) se filia à terceira corrente, fundamentando-se notadamente no princípio da reserva de lei, o qual se afigura como uma garantia fundamental dos cidadãos, portanto, cláusula pétrea, embora não veja as hipóteses trazidas como meras exceções, posto que admite a edição de regulamentos autônomos sempre em caso de não reserva de lei formal ou material.

Contrariando mencionada posição, verifica-se que o poder constituinte derivado apenas criou uma possibilidade expressa de edição de regulamentos autônomos em hipóteses taxativas, uma vez que consta na Constituição o seu "fundamento normativo prévio" (PINHEIRO; LOMBA, 2008, p. 227). Destarte, dado o caráter limitado, material e formalmente da atribuição constituinte derivada, não se afastou a preferência legal e nem o poderia, sob pena de inconstitucionalidade.

O administrador público não pode editar regulamentos substituindo-se ao Poder Legislativo, sempre que identifique um interesse constitucional, sob pena de subversão de inúmeros princípios que conformam o Estado Democrático de Direito (CLÈVE; STRECK; SARLET, 2005), notadamente a separação de funções estatais e controles recíprocos.

1.2 O poder regulamentar autônomo no ordenamento francês

O poder regulamentar autônomo ostenta destacado relevo no ordenamento francês, vez que foi previsto de forma expressa na Constituição vigente de 1958; todavia, encontrou raízes desde a Constituição de 1791 e a bonapartista do ano VIII, as quais previam as "ordenanças" (*arrêtés*) e decretos de regulamentação executiva (SAMPAIO, 2002).

Válido pontuar que, consoante se entrevê em Malberg (1963), havia uma preocupação na França — desde os idos da Revolução — em promover a restrição do poder regulamentar da autoridade executiva, a fim de que essa não interferisse no Poder Legislativo. Somente a partir do ano VIII, o poder regulamentar foi realmente reconhecido ao chefe do Executivo (MALBERG, 1963).

Interessante que o berço do legalismo — herança de Rousseau e Montesquieu (CYRINO, 2005) — mostra-se, paradoxalmente, como local de previsão expressa de regulamentos autônomos na Carta Constitucional. Nesse sentido, cabe uma breve análise comparativa acerca do poder regulamentar autônomo no ordenamento francês a fim de que se visualize, mais claramente, o atual estágio de tal instituto no Brasil.

A Constituição francesa de 1958 simula um grande marco, visto que instituiu uma Corte Constitucional para controle de constitucionalidade, bem como delimitou precisamente o espaço normativo das leis e dos regulamentos. Enfim, fixou um rol taxativo de matérias sujeitas à disciplina legal (artigo 34), deslocando a universalidade temática própria dos diplomas legais para o amplo poder regulamentar residual do Poder Executivo (CYRINO, 2005). Desse modo, os regulamentos do Poder Executivo francês encontram fundamento diretamente na Constituição, sendo prescindível a edição de lei prévia (CLÈVE, 2000).

Em um primeiro momento, a regra tornou-se, pois, a exceção — aparentemente —, fato admitido por muitos doutrinadores franceses como uma revolução.

O artigo 37 da Constituição francesa, por seu turno, dispõe que as demais matérias não previstas no referido artigo 34 possuem natureza regulamentar, reduzindo formalmente o espaço de atuação legal e criando a figura da "reserva regulamentar" (MONCADA, 2002, p. 697). Continua na sua alínea 1ª, estabelecendo que os textos com forma legal referentes às mencionadas matérias poderão ser modificados por decretos promulgados após consulta ao Conselho de Estado. Já na polêmica alínea 2ª, responsável pela "deslegalização de matérias" (CYRINO, 2005, p. 171), prevê-se que os textos de forma legislativa aprovados após a entrada em vigor da presente Constituição só poderão ser modificados, por decreto, caso o Conselho Constitucional os tenha declarado como de caráter regulamentar.

Favoreau, citado por Cyrino (2005, p. 121) identifica, na alínea 2ª, a deslegalização progressiva prevista constitucionalmente, a ser delineada caso por caso, posto que "os textos de forma legislativa interveniente fora do domínio da lei não são, portanto, totalmente deslegalizados e modificáveis por decreto; eles são somente potencialmente deslegalizáveis".

Esse entendimento passou a prevalecer na jurisprudência do Conselho de Estado e do Conselho Constitucional[14] e entre os doutrinadores

---

[14] Nesse sentido, a Decisão nº 82-143 DC, de 30 de julho de 1982.

franceses, os quais propugnam pela supremacia legislativa face ao poder regulamentar. Moncada (2002, p. 715-716) destaca que tal jurisprudência consagra "um princípio de densidade legislativa que tem efeitos limitativos sobre a competência regulamentar", posto defender um dever legislativo previsto no artigo 34 de normatização, não apenas das matérias administrativas que limitam os direitos dos cidadãos, mas, igualmente, referentes "a certos aspectos da intervenção conformadora e constitutiva". Assim, na prática, o poder regulamentar passa o ocupar um espaço meramente executivo das leis.

Conforme destaca Sampaio (2002, p. 450), o Conselho Constitucional francês acabou por "recorrer menos à letra das disposições e mais ao 'espírito da Constituição'", o que possibilitou a ampliação da seara de atuação do Poder Legislativo.

A deslegalização progressiva e a relativização da separação dos campos normatizáveis (CLÈVE, 2000) lançaram por terra o inicial receio de "revolução" operada mediante o artigo 37.

1.3 Concretização normativa direta e indireta da Constituição da República de 1988 em nível regulamentar

Diante da aceleração das mudanças nos fatores sociais, políticos e econômicos, bem como da atual estrutura do aparelho estatal, assiste-se a considerável utilização de instrumentos normativos, pelo Poder Público. Os modernos ordenamentos constitucionais democráticos são marcados pela "pluralidade das fontes e pelo policentrismo dos locais de produção normativa"[15] (ZAGREBELSKY apud RAMIREZ, 1995, p. 240).

Sundfeld (2001) induz que na era do direito global ocorre a incorporação de novos blocos ao universo normativo e que, em tal contexto, especial função assume a atividade regulamentar do Estado.

Urbano de Carvalho (2008, p. 291) destaca que, apesar de emergirem novas formas de se exercer a função normativa estatal, referido processo não se trata de uma "desnormatização pública seguida de uma re-regulação privada ou de uma auto-regulação dirigida". Não há a intenção, segundo a autora, de substituição das normas com origem estatal por outras com origem e que visem a fins privados. Considerando a necessidade de análise do nível de profundidade das

---

[15] "pluralità delle fonti e Il policentrismo dei luoghi di produzione normativa."

normas no sistema, ela conclui que é preciso retomar os exercícios da função normativa do Estado, promovendo-se uma releitura da Teoria de Montesquieu.

Aliás, nesse contexto, é inegável a nova leitura atualmente implementada no Direito Constitucional pátrio sobre o princípio da separação de poderes, uma vez que, abandonada a concepção rígida, hoje tal princípio é muito mais voltado à especialização e independência funcionais do que à contenção recíproca de arbítrio entre os órgãos do poder — o que foi consagrado com a edição das ECs nºs. 32/2001 e 47/2005, essa última que instituiu a súmula vinculante (CORREIA, 2007, p. 581).[16]

Vale sugerir, todavia, muito cuidado nessa releitura, de modo que uma nova interpretação da separação de Poderes não permita desvios, exageros e/ou desarmonia entre os mesmos.

A concretização constitucional em nível regulamentar tem assumido papel de destaque na doutrina e nas decisões jurisprudenciais. Percebe-se relevante controvérsia acerca da concretização normativa direta, a propósito da qual discorre o ministro Carlos Ayres Britto:

> [...] o Estado-legislador é detentor de duas caracterizadas vontades normativas: uma é primária, outra é derivada. A vontade primária é assim designada por se seguir imediatamente à vontade da própria Constituição, sem outra base de validade que não seja a Constituição mesma. Por isso que imediatamente inovadora do Ordenamento Jurídico. (ADC 12-MC/DF)

É notório que a Constituição da República de 1988 considera a lei formal, fonte de ato normativo primário, no sentido de ser editada por órgão do Poder Legislativo, "entendido este como a instância republicana que mais autenticamente encarna a representação popular e favorece a realização do Estado Democrático de Direito" (BRITTO, Carlos Ayres, ADCMC nº 12/DF, p. 20).

De igual forma, a preferência da lei no ordenamento português, a qual não teve seu significado alterado, dada a legitimidade de que se reveste o Parlamento. No entanto, a reserva de lei se alterou e, através dela, o significado do princípio da legalidade (MONCADA, 2002).

A respeito da crise da legalidade formal, Luís Roberto Barroso, adepto da concretização normativa direta da Carta Magna, sustenta que a lei formal, "incapaz de atender com presteza às demandas desses novos

---

[16] No mesmo sentido: ARAGÃO, 2002, p. 286, que prefere o termo "separação de funções" a "separação de poderes".

Estados e Sociedade, deixou de ser a única fonte de atos normativos ou a única intermediária entre a Constituição e os atos concretos de execução" (ADCMC nº 12/DF). Segundo Barroso, o administrador vincula-se diretamente aos deveres previstos na Constituição, não podendo furtar-se ao seu cumprimento, mesmo na ausência de lei.

Binenbojm (2006, p. 125) identifica dois ângulos sob os quais sucede a crise da lei formal — sob o primeiro, intitulado de "ângulo estrutural", tal crise confunde-se à "crise de representação" — vivida universalmente pelos Parlamentos. O segundo, o "ângulo funcional", diz respeito à descrença da lei como expressão da vontade geral ou padrão de comportamento.

Canotilho (2003) discorre que o princípio da legalidade tinha como pressuposto um conceito unitário de forma e força de lei — atualmente encontrando-se relativizado, devido ao surgimento de outros atos com força legislativa.

As leis alcançaram tamanha complexidade e tecnicidade, que se despiu do Poder Legislativo a exclusiva titularidade da função legislativa, porquanto legislação e normação não são mais sinônimos (CARVALHO, 2008).Tal dissociação corresponde às mutações em relação ao princípio da reserva legal, cuja polissemia dificulta a delimitação do seu âmbito de aplicação.

A reserva legal fundamenta-se no Estado Democrático de Direito, o que imprime mais cautela no tratamento de tal princípio.

A legalidade administrativa, que engloba o princípio da supremacia/prevalência legal e o da reserva legal (CANOTILHO, 2003), assume hodiernamente uma multiplicidade de facetas, dependendo do ordenamento jurídico no qual se insere, variando de acordo com o conjunto heterogêneo das normas constitucionais do respectivo Estado (MONCADA, 2002).

A respeito desse princípio, apreciável o posicionamento de Moncada (2002), que vem a afirmar que ele mudou de sentido — "não se manifesta agora tanto na garantia de uma execução fidedigna da lei mas sim na certeza da observância de um *iter* procedimental adequado à devida audição dos interesses e parceiros patentes na sociedade civil" (p. 25).

A simples comparação do ato administrativo com o texto normativo, sem a consideração de outros dados relevantes, perde um pouco de sentido segundo essa teoria, especialmente se a lei for de pouca densidade normativa — o que se revela corriqueiro, atualmente, conforme trechos extraídos da obra do professor português:

> A visão procedimental da legalidade não requer tanto a comparação do acto administrativo com o texto normativo: esta operação só funciona

no caso de os enunciados normativos serem claros e determinados. Questiona sobretudo a razoabilidade da solução administrativa obtida a partir de uma actividade instrutória que visa completar a vacuidade do texto normativo com dados provenientes de fora de seu campo. (MONCADA, 2002, p. 27)

Sampaio Silva (2005) encara a procedimentalização como forma de proteção do indivíduo em relação ao Estado, na medida em que procura garantir, na legitimação pelo procedimento, a participação dos administrados na formação da vontade estatal.

Na vertente da procedimentalização, Justen Filho (2006) ratifica que a legalidade significa a "realização da finalidade buscada pelo direito" e não a simples repetição dos termos legais, o que conduziria à inutilidade do regulamento. Assim, conclui o referido autor que deve ser analisada a extensão da inovação produzida pelo regulamento, atentando para sua sutileza e engrenagem.

No mesmo sentido, Caio Tácito:

> Regulamentar não é somente reproduzir analiticamente a lei, mas ampliá-la e completá-la, segundo o seu espírito e o seu conteúdo, sobretudo nos aspectos que a própria lei, expressa ou implicitamente, outorga à esfera regulamentar. (TÁCITO, 1997, p. 1079)

O referido autor muito bem traduz a corrente de deslegalização, segundo a qual o próprio legislador retira do domínio da lei certas matérias muito específicas, possibilitando a sua tratativa por regulamentos. O Poder Legislativo passa a reter aspectos políticos, *standards* gerais, deixando, porém, a cargo de outros órgãos ou entidades aspectos técnicos da normatização (ARAGÃO, 2002) e a concretização de seus comandos (TÁCITO, 1997).

Ressalte-se que, entretanto, tal posicionamento terá procedência em caso de uma lei prévia que disponha ao menos sobre os limites a serem observados na edição do regulamento. Em relação à concretização normativa direta constitucional, porém, não procede, uma vez que o regulamento não alcança força normativa primária. Como já exposto, ele configura apenas um instrumento. Nesse caso, urge verificar se inova ou não, em relação à Carta Magna.

Segundo Urbano de Carvalho (2008), no Direito Administrativo brasileiro incide o Princípio da Reserva Legal Relativa, ou seja, o legislador, mesmo não tendo que exaurir a matéria, se investe de responsável, em regra, pela inovação primária.

Binenbojm (2006, p. 131), adepto da tese de concretização normativa direta constitucional, declara que a Constituição apresenta-se não só como "norma direta e imediatamente habilitadora de competências administrativas", mas como "critério imediato de decisão administrativa".

No Brasil — como já explanado — a doutrina firmou por longo tempo a tese de que nosso ordenamento não comporta regulamentos autônomos, porquanto inadmissível a concretização normativa direta da Constituição em sede regulamentar. Tal entendimento fundamentava-se no caráter secundário do decreto, posto que a função primária caberia à lei ou a instrumentos excepcionais, como as leis delegadas (CARVALHO, 2008).

Entrementes, mediante a edição da Emenda Constitucional nº 32/2001, que deu nova redação ao artigo 84, VI, da CR/88, referido posicionamento alterou-se sobremaneira, como exposto.

Nesse contexto, ganhou força a tese de deslegalização, a qual vem sendo largamente praticada no direito italiano. Consiste na transferência, por meio de lei, de competência normativa primária para o administrador público (JUSTEN FILHO, 2006).

Contudo, analisemos bem a questão: transferência por meio de lei. Qual seja, ainda existe a precedência do diploma legal em relação ao regulamento, mas, partindo desse ponto, admitir-se a concretização normativa direta constitucional extrapola a finalidade da deslegalização.

Ademais, a hipótese prevista na Constituição (art. 84, VI) apresenta-se restrita. Os efeitos produzidos, como assevera Justen Filho (2006), são internos à Administração. Urbano de Carvalho (2008, p. 298) enuncia que tais hipóteses possibilitam edição de regulamentos autônomos, posto fundarem-se diretamente na Constituição.

A significativa questão que se coloca diante da tese de concretização normativa primária — fora das hipóteses taxativamente previstas na Carta Constitucional — é o risco que ela representa em um Estado com tradição autoritária, centralização política e, em virtude disso, tachado pela fragilidade democrática.

A história político-constitucional brasileira não permite que instituições como o Conselho Nacional de Justiça, a ser tratado adiante, comecem a inovar no ordenamento constitucional. Há um imperativo de as normas provirem do Poder Legislativo, em observância à sua legitimidade democrática. Nunca é demais recordar que o poder regulamentar foi um meio bastante utilizado por chefes do Executivo para invadir a seara de competência do Poder Legislativo, daí cometendo sérios abusos.

Vivemos sob a égide do "Principio de legalidad, Estado de Derecho, Rule of Law, Règle de droit e Rechtsstaat", as quais constituem todas expressões dentro dos distintos objetivos sociopolíticos no mundo ocidental, "a uma conotação similar: supremacia da norma jurídica geral — a lei — que se sobrepõe às disposições eventualmente *arbitrárias* — ainda que não necessariamente injustas, de poder do Estado"[17] (GARCÍA, 1958, grifos nossos).

1.4 Da legalidade formal à vinculação da Administração Pública ao princípio da juridicidade

O princípio da legalidade, a tônica do Estado de Direito (SILVA, 2005), assumiu diferentes conotações em função da sua amplitude, passando por uma evolução cronológica. Na primeira fase, de cunho positivo, consagrada na Constituição francesa de 1791, ao administrador era dado apenas executar o que a lei expressamente lhe permitisse. Tal concepção mecanicista e restritiva não vingou por muito tempo, uma vez que a "a noção de legalidade administrativa (entendida como vinculação à lei formal) não apenas é *inapta* a alcançar *performaticamente* toda a atividade da Administração, como, mais que isso, não deve *pretender* alcançá-la" (BINENBOJM, 2006, p. 138).

Assim, na segunda fase, em que a legalidade administrativa foi entendida em sentido negativo, a Administração pôde atuar nos espaços livres previstos na norma legal, de que se extraía a noção de discricionariedade.

Na terceira fase, marcada pelo aparecimento do positivismo normativista (BINENBOJM, 2006), cujos principais expoentes são Kelsen e Merkl, a posição positiva foi reassumida, posto que o ato administrativo deveria ser necessariamente derivado de disposição legal, a fonte de sua legitimação.

A partir do século XX, com a constitucionalização dos princípios gerais do direito, novos instrumentos de condicionamento da atuação do administrador público vieram à tona (SILVA, 2006). Em decorrência, ganhou destaque a tese de que o Poder Público estava vinculado não apenas à legalidade formal, mas à juridicidade.

O princípio da juridicidade administrativa, assim intitulado

---

[17] "a una conotación similar: supremacía de la norma jurídica general — la ley — por encima de las disposiciones eventualmente *arbitrarias* – aunque non necesarias injustas, del poder del Estado."

por Merkl, consiste na vinculação da administração não simplesmente à lei formal, mas ao *bloco de legalidade,* nos termos usados por Hauriou (BINENBOJM, 2006). Referido preceito tem sido largamente utilizado para fundamentar a tese de concretização normativa direta da Constituição da República, posto prever a vinculação direta da Administração às normas constitucionais. Tal posicionamento encontra-se em consonância à moderna dogmática constitucional, a qual confere eficácia aos princípios constitucionais (ADCMC nº 12/DF).

Dessa forma, os princípios constitucionais passam a ser vistos como normas que carregam em si valores, padrões juridicamente vinculantes, necessitando de concretização (SILVA, 2005).

Canotilho muito bem discorre sobre a aplicação da juridicidade, na doutrina portuguesa:

> Quando o texto constitucional nada disser, poder-se-á interpretar o seu silêncio no sentido da admissibilidade de uma actividade administrativa — a começar pela actividade regulamentar — fundada diretamente na Constituição. Quer dizer: a *precedência e a prevalência da Constituição substituem a precedência e a reserva vertical da lei.* Por outras palavras: a reserva vertical de constituição substitui a reserva vertical de lei. (CANOTILHO, 2003, p. 840)

Assim, advém uma substituição — segundo o referido autor — da legalidade pela primazia das normas constitucionais, a serem concretizadas diretamente pela Administração Pública.

Diante da "ascendência axiológica" da Constituição sobre todo ordenamento jurídico, esse passa a ser compreendido somente a partir da normativa constitucional (BINENBOJM, 2006, p. 130).

Barroso (2006, item 37) afirma que, diante da crise da legalidade formal, "a vinculação da Administração Pública passou a se dar em relação a um bloco mais amplo de *juridicidade,* que congrega não apenas as leis formais, mas também, e sobretudo, a Constituição".

Propondo como solução à referida crise a "constitucionalização do direito administrativo", Binenbojm (2006, p. 36) sustenta que a Carta Constitucional, seus princípios e, principalmente, seu sistema de direitos fundamentais, devem ser "elo de unidade a *costurar* todo o arcabouço normativo que compõe o regime jurídico administrativo". Adepto da vinculação administrativa à juridicidade, ele considera superado o dogma da imprescindibilidade da norma legal para "mediar a relação entre a Constituição e a Administração Pública".

Obstando-se considerar que os sujeitos responsáveis pela concretização primária da Constituição da República são o Judiciário (especialmente o STF) e o Legislativo, Sampaio (2007) reconhece que, atualmente, o princípio da legalidade deva ser interpretado como princípio da juridicidade ou da superlegalidade. Segundo essa interpretação, entes administrativos têm acesso direto à Constituição. Mas — indaga-se — qual é o limite para tanto? A ausência de lei não pode comprometer o cumprimento da Constituição. O administrador deve ter acesso direto à Constituição. Mas a *inovação no ordenamento* por esse administrador, ou seja, mediante ato normativo secundário, exorbita a seara de competência do poder regulamentar, comprometendo de modo sério o sistema de fontes de direito, no Brasil. Regulamentar não se mistura a restringir, com o poder de criar direitos ou obrigações (CLÈVE; STRECK; SARLET, 2005).

Inserindo a juridicidade administrativa no campo da legalidade, Binenbojm disseca a aplicação do primeiro em três hipóteses: a primeira, que prevalece, continua a ocorrer segundo a lei, sendo essa constitucional (*"atividade secundum legem"*); a segunda encontra fundamento direto na Constituição — concretização normativa direta, independente ou para além da lei (*"atividade praeter legem"*); a terceira — a qual não me parece, *data venia*, nem um pouco prudente — permite a legitimação perante o Direito, mesmo que contra a lei, com assento numa ponderação da legalidade com princípios outros, constitucionais (*"atividade contra legem,* mas com fundamento numa otimizada aplicação da Constituição" (2006, p. 38).

A juridicidade deve ser olhada como uma nova forma de interpretação do princípio da legalidade, não como modo de superação da mesma ou como uma alternativa que exclua a legalidade formal. Não se pode aceitar que de princípios abertos sejam extraídas vedações que não se encontrem previstas em lei ou reconhecidas pela jurisprudência (SAMPAIO, 2007).

Acertada, pois, encontra-se a posição exarada pelo Professor Moncada, em sua tese de doutorado, quando propõe uma integração entre o princípio da legalidade e o da juridicidade — esse, de caráter mais amplo na sua capacidade de vinculação jurídica da atividade administrativa:

> A juridicidade não substitui a legalidade da administração, ou seja, a ausência da lei não é mais que compensada por uma vinculação a princípios gerais de recorte axiológico. Estes aprofundam o sentido da vinculação à lei mas não a substituem, desculpabilizando poderes autônomos do executivo. A juridicidade não deve ser invocada para afastar a legalidade. (MONCADA, 2002, p. 1144)

O princípio da juridicidade deve ser complementar ao princípio da legalidade, uma vez que não se pode, da vinculação da administração pública à juridicidade, "retirar dividendos para afectar a ordem constitucional da primazia parlamentar quanto ao exercício das competências normativas" (MONCADA, 2002, p. 1007).

CAPÍTULO 2

Conselho Nacional de Justiça como Órgão Constitucional

Sumário: 2.1 Natureza e funções – 2.2 Legitimidade

2.1 Natureza e funções

Identificam-se três importantes modelos de governo do Poder Judiciário nos Estados democráticos, segundo Joaquin Delgado Martín (2007). O primeiro é marcado pela atribuição a um órgão de caráter judicial (Tribunal Supremo ou Corte Suprema), que acumula a função jurisdicional e a de governo do Judiciário, exercendo um controle interno. Tal modelo é bastante difundido na América, graças à influência norte-americana.

O segundo fundamenta-se na atribuição das funções de governo a um órgão do Poder Executivo, normalmente o Ministério da Justiça. Mister estimar que é um modelo próprio da Europa Continental desde o nascimento do Estado de Direito, ainda que em muitos países tenha evoluído até alcançar a fórmula do conselho (DELGADO MARTÍN, 2007). O terceiro modelo — cerne do presente livro — assenta-se na criação de um órgão colegiado e autônomo (um conselho da magistratura), que surgiu em vários países europeus, após a Segunda Guerra Mundial, denotando uma garantia da independência da magistratura face às interferências constantes do Ministério da Justiça.

O intitulado controle externo do Judiciário no Brasil, ante a promulgação da Emenda Constitucional nº 45, de 08 de dezembro de 2004, corporificou-se no Conselho Nacional de Justiça, órgão de inspiração europeia (adoção do terceiro modelo acima referido) e natureza administrativo-constitucional. Seu caráter constitucional decorre da sua presença na Constituição da República brasileira, e seu aspecto administrativo, pelas atribuições previstas no artigo 103-B, §4º (SAMPAIO, 2007).

A formação híbrida do conselho, porquanto intitulado órgão de controle externo do Judiciário, merece atenção especial. São quinze membros, nomeados para mandato de dois anos, admitida uma recondução, dos quais nove são integrantes do Judiciário e seis membros "estranhos" ao corpo judicial (dois do Ministério Público — um da União e outro estadual — dois advogados e dois cidadãos, conforme preceitua o artigo 103-B, CR/88, com redação alterada pela Emenda Constitucional nº 61, de 2009).

O conselho é presidido pelo Presidente do Supremo Tribunal Federal, que o integra como membro nato. Nas suas ausências e impedimentos, caberá a presidência ao Vice-Presidente do Supremo Tribunal Federal.

A nomeação dos demais membros do conselho se dá via Presidente da República, após aprovados pela maioria absoluta do Senado Federal (artigo 103-B, §2º, CR/88).

Sintetiza Sampaio (2007, p. 263-264) que a posição constitucional e a composição híbrida do CNJ elevam suas funções a uma dimensão "quase política, político-constitucional", tendo em vista a relação estabelecida entre o referido órgão com os Poderes e com a sociedade. Singular em um grande paradoxo, "controla-se *para dentro* o Judiciário por órgão judiciário atípico, administrativo-político; defende-se *para fora* a independência orgânica e funcional judiciária".

A finalidade precípua do Conselho Nacional de Justiça, consoante previsto na Lei Maior, é a de exercer um controle administrativo e orçamentário do Poder Judiciário, podendo apreciar a legalidade dos atos administrativos praticados por seus membros ou órgãos, avocar processos disciplinares em curso, rever os processos disciplinares de juízes e membros de tribunais julgados há menos de um ano, dentre demais atribuições contidas no artigo 103-B.

O modelo utilizado pelo Brasil para instituir o Conselho Nacional de Justiça inspirou-se nos Conselhos Superiores da Magistratura de alguns Estados europeus, como Itália, França, Portugal e Espanha.

Vale destacar que os intitulados conselhos, no entanto, foram criados em contextos diametralmente opostos ao vigente no Estado brasileiro, visto que, na Europa Continental, o Judiciário não conta com uma tradição de autonomia administrativa e orçamentária. A ideia de independência do Poder Judiciário apresenta-se como antítese ao poder absolutista do antigo regime, sendo incorporada ao constitucionalismo liberal como elemento fundamental na vida de todo Estado Democrático de Direito (ZARAGOZA, 2004), e permanecendo como mero ideal por longo tempo. No Brasil, contrariamente, o CNJ foi criado após o Judiciário ter logrado mencionada autonomia na Constituição da República de 1988.

O autogoverno do Judiciário pelos Conselhos da Magistratura pode assumir diferentes conotações, a depender das circunstâncias, jamais um conceito unívoco. Em algumas, eles funcionam como órgãos que regem toda a administração judicial; em outras, exercem funções limitadas à administração da carreira judicial (MARTÍNEZ NEIRA, 1996).

O CNJ, como qualquer órgão constitucional, não é um fim em si mesmo, pois tem por finalidade garantir a autonomia da estrutura judicial e, indiretamente, servir como instrumento de apoio à independência pessoal de cada magistrado, como testemunha Zaragoza (2004, p. 7). Muito embora, no Brasil, tenha ele surgido mais com um intuito controlador, fiscalizador da conduta dos magistrados. Para fazer frente às acusações de "caixa-preta" no Judiciário, a gerência voltada à formulação de estratégias para o corpo judicial assume notável ênfase, como previu o Ministro Cezar Peluso:

> A bem da verdade, mais que encargo de controle, o Conselho recebeu aí uma alta função política de aprimoramento do autogoverno do Judiciário, cujas estruturas burocráticas dispersas inviabilizam o esboço de uma estratégia político-institucional de âmbito nacional. São antigos os anseios da sociedade pela instituição de um órgão superior, capaz de formular diagnósticos, tecer críticas construtivas e elaborar programas que, nos limites de suas responsabilidades constitucionais, dêem respostas dinâmicas e eficazes aos múltiplos problemas comuns em que se desdobra a crise do Poder. (BRASIL, STF, ADI nº 3367/DF, Rel. Ministro Cezar Peluso, 2004)

O conselho exibe uma autonomia relativa na ordem constitucional, vez que vinculado do ponto de vista financeiro e orçamentário, ao Supremo Tribunal Federal. De acordo com Sampaio (2007), quem possui independência de forma plena é o Poder Judiciário, sendo o CNJ detentor de mera autonomia administrativa e funcional.

Quanto ao exercício do autogoverno judicial, destaque-se o extenso rol de atribuições do artigo 103-B, §4º, CR/88, o qual pode ser alargado com a edição do Estatuto da Magistratura, como previsto no próprio comando constitucional. Entrementes, não obstante ser reforçado o controle sobre o Judiciário, parece ter o CNJ deixado de lado a principal missão, qual seja, a de defesa da independência do Poder. Ademais, não possui iniciativa de lei nem de coordenação dos processos seletivos e dos cursos de aperfeiçoamento dos magistrados ou promoções dos mesmos (SAMPAIO, 2007).

Neira (1996) posiciona-se a favor de um tratamento integral da administração da justiça na cabeça de um órgão especializado, o que supõe ao menos o exercício das funções de política judicial, faculdades de gestão e funções instrumentais (dentre as quais se destacam as investigações de sociologia jurídica, a fim de que as respostas administrativas do setor denunciem embasamento científico).

Sampaio (2007) classifica as funções do CNJ em seis grupos distintos: políticas, as quais incluem o planejamento, a defesa da soberania judiciária, atribuição regulamentar, mandamentais e atribuições de economia interna; controle administrativo, que é regido pelo regimento interno do conselho, enquanto não editado o Estatuto da Magistratura, com aplicação subsidiária da Lei nº 9.784/1999; ouvidoria; correcionais e disciplinares; sancionatória, como decorrência da disciplinar; informativa ou propositiva, mediante a elaboração de relatórios e uma posterior análise para adoção das providências reputadas necessárias.

2.2 Legitimidade

Muito se discutiu a respeito da constitucionalidade e dos efeitos da adoção do conselho em nosso ordenamento, mormente, nos autos da Ação Direta de Inconstitucionalidade nº 3367-1, proposta pela Associação dos Magistrados Brasileiros. Visava-se, em síntese, à declaração de inconstitucionalidade do artigo 103-B, bem como dos demais, pertinentes ao conselho (artigos 52, II; 92, I-A; 93, VIII; 102, "r"; 103-B, §8º, da Lei Fundamental), buscando a imediata suspensão da vigência de tais dispositivos, até o julgamento final da causa. Tal ação foi julgada improcedente pela Corte Constitucional, por sete votos a quatro.

O Ministro Relator Cezar Peluso rebateu todas as teses formuladas pela AMB, cujo voto foi acompanhado pela maioria dos demais Ministros. O Ministro Marco Aurélio Mello foi o único que vislumbrou a procedência integral da referida ação. Os Ministros Sepúlveda Pertence, Ellen Gracie e Carlos Velloso admitiram a inconstitucionalidade isolada de alguns dispositivos, embora sem se mostrarem divergentes à implantação do conselho. Conforme denota Feitosa (2008), o voto do Ministro Nelson Jobim merece destaque, visto que, ativo defensor do modelo proposto para o CNJ, demonstrou sua aprovação em reiteradas manifestações públicas.

Tal decisão diverge do posicionamento exarado pelo Supremo, sobre a criação de Conselhos Estaduais da magistratura. Ocorreram no Brasil algumas tentativas, nos Estados do Sergipe, Ceará, Paraíba, Pará e Mato Grosso, anteriores à promulgação da Emenda Constitucional nº 45/2004, de instituição de Conselhos Estaduais de Justiça, tendo o STF considerado inconstitucionais tais hipóteses.

Nesse sentido, merecem transcrição as ementas referentes às ADIs nºs 135 (Paraíba), 137 (Pará) e 98 (Mato Grosso):

> EMENTA: Criação, pela Constituição do Estado da Paraíba (art. 147 e seus parágrafos), de Conselho Estadual de Justiça, composto por dois desembargadores, um representante da Assembléia Legislativa, o Procurador-Geral da Justiça, o Procurador-Geral do Estado e o Presidente da Seccional da OAB, como órgão da atividade administrativa e do desempenho dos deveres funcionais do Poder Judiciário. Inconstitucionalidade dos dispositivos, declarada perante o princípio da separação dos Poderes — art. 2º da Constituição Federal — de que são corolários o auto-governo dos Tribunais e a sua autonomia administrativa, financeira e orçamentária (artigos 96, 99 e parágrafos e 168 da Carta da República). Ação direta julgada procedente. (BRASIL, STF, Pleno, ADI nº 135/PB, Rel. Min. Octávio Galloti, *DJ*. 15.08.97)

> EMENTA: Ação Direta de Inconstitucionalidade. Conselho Estadual de Justiça integrado por membros da magistratura estadual, autoridades pertencentes aos outros Poderes, advogados e representantes de cartórios de notas, de registro e de serventuários da Justiça. A criação, pela Constituição do Estado, de Conselho Estadual de Justiça com essa composição e destinado à fiscalização e ao acompanhamento do desempenho dos órgãos do Poder Judiciário é inconstitucional, por ofensa ao princípio da separação dos Poderes (art. 2º da Constituição Federal), de que são corolários o auto-governo dos Tribunais e a sua autonomia administrativa, financeira e orçamentária (arts. 96, 99 e parágrafos e 168 da Carta Magna). Ação direta que se julga procedente, para declarar a inconstitucionalidade dos artigos 176 e 177 da parte permanente da Constituição do Estado do Pará, bem como a do artigo 9º e seu parágrafo único do Ato das Disposições Transitórias dessa mesma Constituição. (BRASIL, STF, Pleno, ADI nº 137/PA, Rel. Min. Moreira Alves, *DJ*. 03.10.97)

> EMENTA: I – Separação e independência dos Poderes: critério de identificação do modelo positivo brasileiro. O princípio da separação e independência dos Poderes não possui uma fórmula universal apriorística e completa: por isso, quando erigido, no ordenamento brasileiro, em dogma constitucional de observância compulsória pelos Estados-Membros, o que a estes se há de impor como padrão não são concepções abstratas ou experiências concretas de outros países, mas sim o modelo brasileiro vigente de separação e independência dos Poderes, como concebido e desenvolvido na Constituição da República.

(...) III – Poder Judiciário: controle externo por colegiado de formação heterogênea e participação de agentes ou representantes dos outros Poderes: inconstitucionalidade de sua instituição da Constituição de Estado-Membro. 1. Na formulação positiva do constitucionalismo republicano brasileiro, o autogoverno do Judiciário — além de espaços variáveis de autonomia financeira e orçamentária — reputa-se corolário da independência do Poder (ADIn 135-PB, Galloti, 21.11.96): viola-o, pois, a instituição de órgão do chamado 'controle externo', com participação de agentes ou representantes dos outros Poderes do Estado. (...) (BRASIL, STF, Pleno, ADI nº 98/MT, Rel. Min. Sepúlveda Pertence, *DJ*, 31 out. 97, grifo nosso).

Consolidando seu entendimento, a Egrégia Corte editou a Súmula nº 649, *verbis*: "Súmula 649. É inconstitucional a criação, por Constituição estadual, de órgão de controle administrativo do Poder Judiciário do qual participem representantes de outros Poderes ou entidades". Assim, tal posicionamento foi, de certa forma, superado no julgamento da ADI nº 3.367/DF.

Os argumentos sobre a inconstitucionalidade do conselho sustentaram-se, principalmente, em duas ordens. O primeiro dizia respeito à violação ao princípio da separação dos Poderes (artigo 2º, *caput*, CR/88). Esse princípio, enquanto cláusula pétrea, não pode ser modificado nem mesmo por emenda constitucional, nos termos do artigo 60, §4º, III, da Carta Magna. Para os adeptos do posicionamento segundo o qual um órgão de controle do Judiciário fere a tripartição de funções estatais, afirma-se que o artigo 99, conquista alcançada na própria Constituição de 88, garante, com todas as letras, que ao Poder Judiciário é assegurada autonomia administrativa e financeira. Nesse sentido, questionou-se na ADI nº 3.367/DF: como se admitir um controle externo para, como propagam os defensores da ideia, administrar o Judiciário?

Em suma, a AMB sustentou a inadmissibilidade de o Judiciário ser o único Poder submetido a um controle de órgão composto por membros estranhos a seus quadros (FEITOSA, 2008).

O segundo argumento, por sua vez, consistiu na violação ao pacto federativo (artigos 18, 25 e 125 da Constituição da República de 1988). A instituição do conselho, órgão da União Federal, impõe uma subordinação administrativa, orçamentária, financeira e disciplinar ao Poder Judiciário dos Estados, o que, para os adeptos desse argumento, infringe notoriamente o pacto federativo.

O STF, no mérito, não acolheu a tese de afronta à separação de poderes e nem de violação ao pacto federativo, tendo em vista a "unicidade do Poder Judiciário" (Ministro Cezar Peluso, ADI nº 3.367/DF, p. 46). Assim, tal tribunal proferiu a seguinte decisão:

O Tribunal, por unanimidade, afastou o vício formal de inconstitucionalidade da Emenda Constitucional n.º 45/2004, como também não conheceu da ação quanto ao §8º do artigo do 103-B. No mérito, o Tribunal, por maioria, julgou totalmente improcedente a ação, vencidos o Senhor Ministro Marco Aurélio, que a julgava integralmente improcedente; a Senhora Ministra Ellen Gracie e o Senhor Ministro Carlos Velloso, que julgavam parcialmente procedente a ação para declarar a inconstitucionalidade dos incisos X, XI, XII e XIII do artigo 103-B, acrescentado pela emenda constitucional; e o Ministro Sepúlveda Pertence, que a julgava procedente, em menor extensão, dando pela inconstitucionalidade somente do inciso XIII do caput do artigo 103-B. Votou o Presidente, Ministro Nelson Jobim. Falaram, pela requerente, o Dr. Alberto Pavie Ribeiro, pela Advocacia-Geral da União, o Dr. Álvaro Augusto Ribeiro Costa e, pelo Ministério Público Federal, o Dr. Cláudio Lemos Fonteles, Procurador-Geral da República. (BRASIL. Supremo Tribunal Federal. Ação direta de inconstitucionalidade nº 3367-1, Rel. Min. Cezar Peluso, 2004)

Alguns afirmaram que a implantação do Conselho Nacional de Justiça poderia suscitar um controle político do Poder Judiciário, posto que seus membros são nomeados pelo Presidente da República, após escolha aprovada pela maioria absoluta do Senado Federal. Dessa forma — argumentavam —, a imparcialidade, característica essencial ao bom funcionamento do Poder Judiciário, restaria prejudicada ante as influências políticas vindouras.

Remetendo à questão do nosso "Federalismo às Avessas", para a qual discorre Quadros que temos *um dos Estados Federais mais centralizados do mundo* (QUADROS, 2006, p. 37), há uma corrente que identificou o conselho, à primeira vista, com um resquício do autoritarismo, da centralização ainda vigente em nosso modelo federalista. Tal órgão foi criado perante a União Federal, sendo-lhe atribuída, no entanto, competência para intervir no Judiciário dos Estados-Membros. Não bastassem tais argumentos, o STF entendeu pela constitucionalidade do conselho.

É inquestionável a importante atuação que vem assumindo o CNJ no Judiciário brasileiro, conforme verificado nos movimentos em prol da conciliação, uniformização de procedimentos nos tribunais, mais transparência nas estatísticas processuais, entre outras iniciativas. No entanto, em se tratando de sua competência regulamentar, referido órgão tem ultrapassado — e em larga escala — os seus limites administrativos. Superadas as discussões a respeito da constitucionalidade do conselho em si, importa, pois, analisar os limites constitucionais de suas resoluções.

Capítulo 3

Competência Regulamentar do Conselho Nacional de Justiça

Sumário: 3.1 Fundamento e natureza da competência regulamentar do Conselho Nacional de Justiça – **3.2** Os limites das resoluções do Conselho Nacional de Justiça – **3.2.1** As Resoluções nº 3, de 16 de agosto de 2005, nº 24, de 24 de outubro de 2006, e nº 28, de 18 de dezembro de 2006 – **3.2.2** A Resolução nº 6, de 13 de setembro de 2005, e a sua revogação pela Resolução nº 106, de 06 de abril de 2010 – **3.2.3** A Resolução nº 7, de 18 de outubro de 2005, e a ADCMC nº 12-DF – **3.2.4** A Resolução nº 8, de 29 de novembro de 2005 – **3.2.5** A Resolução nº 11, de 31 de janeiro de 2006, e a sua revogação pela Resolução nº 75, de 12 de maio de 2009 – **3.2.6** As resoluções nº 13, de 21 de março de 2006, e nº 14, de 21 de março de 2006 – **3.2.7** A Resolução nº 59, de 09 de setembro de 2008

3.1 Fundamento e natureza da competência regulamentar do Conselho Nacional de Justiça

A finalidade precípua do Conselho Nacional de Justiça, como previsto na Carta Constitucional, é exercer um controle administrativo e financeiro do Poder Judiciário, bem como fiscalizar o cumprimento dos deveres funcionais pelos juízes, destacando-se no presente trabalho a sua atribuição regulamentar (art. 103-B, §4º, I).

A premissa de mencionada competência é assegurar a autonomia do Judiciário e o cumprimento do Estatuto da Magistratura, razão pela qual Sampaio (2007) enquadra o poder regulamentar dentre as atribuições políticas do CNJ, em conjunto à possibilidade de recomendar providências e a própria gestão do conselho.

O CNJ tanto adota decisões concretas, de caráter administrativo, dirigidas a um ou vários destinatários determinados, quanto edita normas jurídicas, ou seja, disposições de caráter geral, com destinatários indeterminados e visando à interpretação ou desenvolvimento legal. Assim, as resoluções por ele editadas consistem em instrumentos de veiculação de decisões tomadas pelos conselheiros, com as características próprias do caráter normativo e secundário do regulamento.

O poder regulamentar do CNJ destina-se a disciplinar internamente o próprio órgão, na sua autogestão, através das resoluções *ad intra*; ou, mediante o exercício da capacidade regulamentar *ad extra*, assumindo sua feição executiva, como é próprio dessa competência no Brasil, dar concretização ao Estatuto da Magistratura, sem produzir inovação no ordenamento (SAMPAIO, 2007).

A atribuição regulamentar está submetida aos mandamentos constitucionais e ao restante do ordenamento jurídico, cabendo ao STF julgar originariamente as ações contra as decisões do conselho (artigo 102, I, "r", CR/88), como salientado na decisão proferida na ADI nº 3.367/DF.

Tendo em vista o relevo e o destaque das resoluções do CNJ, em grande parte exorbitantes, importa analisar os seus limites e como elas têm repercutido na ordem jurídica brasileira.

Vale salientar que a natureza do poder regulamentar do CNJ ainda se encontra em aberto na doutrina brasileira, podendo-se vislumbrar um "quê de regulamento autônomo" (SAMPAIO, 2007, p. 280) na capacidade regulamentar *ad extra*. É o que se conclui a partir da interpretação até o momento assumida pelo Supremo Tribunal Federal em relação a determinadas resoluções do conselho, como adiante exposto.

Entretanto, essencial se faz pontuar que referidos "atos regulamentares" (conforme consta no artigo 103-B, §4º, I, CR/88) não foram trazidos por força da Emenda Constitucional nº 45/2004 para regular situações em abstrato; destinam-se, portanto, a concreções e individualizações, ou seja, devem ser editadas a partir de situações concretas advindas das atividades de judicatura (CLÈVE; STRECK; SARLET, 2005).

3.2 Os limites das resoluções do Conselho Nacional de Justiça

As resoluções do Conselho Nacional de Justiça têm propiciado várias discussões doutrinárias e jurisprudenciais no Brasil, as quais se voltam, principalmente, para o questionamento a respeito dos seus limites. Para tanto, é pertinente analisar a natureza das mesmas, se elas concretizam direta ou indiretamente a Constituição da República; ou seja, se o CNJ possui força normativa primária ou se limita, como órgão administrativo, a concretizar o que a Constituição ou a lei prevê expressamente. Dessa forma, selecionaram-se algumas resoluções expedidas até o momento pelo CNJ, consideradas bastante relevantes, para um estudo do conteúdo e do posicionamento doutrinário sobre as mesmas. Ademais, segue também uma análise quanto à jurisprudência do Supremo Tribunal Federal em relação a certas resoluções.

3.2.1 As Resoluções nº 3, de 16 de agosto de 2005, nº 24, de 24 de outubro de 2006, e nº 28, de 18 de dezembro de 2006

O debate acerca dos limites do poder regulamentar do Conselho Nacional de Justiça teve início com a edição da Resolução nº 3, destinada ao cumprimento da vedação de férias coletivas nos juízos e tribunais de 2º grau, inserida na Constituição por força de EC nº 45.[18] Referida resolução acatou as justificativas dos tribunais de marcação de férias para julho/2005, deixando claro, todavia, em seu artigo 2º, a impossibilidade de quaisquer outras, em conformidade ao texto constitucional, ou seja, declarou o fim das férias coletivas em 2ª instância: "Artigo 2º. Cientificar os Tribunais que serão inadmissíveis quaisquer justificativas relativas a período futuro, ficando definitivamente extintas as férias coletivas, nos termos fixados na Constituição".

No entanto, após reivindicações da Ordem dos Advogados do Brasil, do Colégio Permanente de Presidentes de Tribunais de Justiça e demais entidades representativas, o CNJ, em flagrante desrespeito ao comando constitucional, suspendeu referido artigo 2º, voltando na prática com as férias coletivas (janeiro e julho), mediante a Resolução nº 24, nos seguintes termos:

> RESOLUÇÃO Nº 24, DE 24 DE OUTUBRO DE 2006.
>
> Revoga o disposto no art. 2º da Resolução nº 3 do Conselho Nacional de Justiça.
>
> A PRESIDENTE DO CONSELHO NACIONAL DE JUSTIÇA, no uso de suas atribuições conferidas pela Constituição Federal, especialmente o que dispõe o inciso I, §4º, de seu artigo 103-B, e tendo em vista o decidido na Sessão do dia 24 de outubro de 2006;
>
> [...]
>
> R E S O L V E:
>
> Art. 1º Revogar o art. 2º da Resolução nº 3, de 16 de agosto de 2005.
> Art. 2º Esta Resolução entra em vigor na data de sua publicação.

---
[18] Artigo 93, XII, CR/88.

Assim, curiosamente, o CNJ assumiu o papel de poder constituinte derivado, inserindo uma alteração que só caberia através de emenda constitucional. Mediante tal conduta, restou prejudicada "a eficácia da força normativa da Constituição" (ADI nº 3.823/DF). Cabível relembrar os ensinamentos de Hesse (1991), segundo o qual a Constituição jurídica não representa um simples pedaço de papel, em contraposição a Lassale. Não devem as normas jurídicas sucumbir ao poder da força, vez que a essência da Constituição "reside na sua vigência, ou seja, a situação por ela regulada pretende ser concretizada na realidade" (HESSE, 1991, p. 14).

Mesmo diante da manifestação de entidades representativas no sentido de obter a volta das férias coletivas, o CNJ não poderia desrespeitar o artigo 93, XII, CR/88.

Entrementes, após decisão liminar proferida na ADI nº 3.823, calcada no princípio da ininterruptabilidade da jurisdição, voltando atrás mais uma vez, o CNJ editou a Resolução nº 28, revogando a Resolução nº 24. Nesse sentido, repristinou os efeitos do art. 2º da Resolução nº 3, agora, sim, dando cumprimento ao texto constitucional:

> RESOLUÇÃO Nº 28, DE 18 DE DEZEMBRO DE 2006
>
> Revoga a Resolução nº 24, de 24 de outubro de 2006, que dispõe sobre a revogação do disposto no art. 2º da Resolução nº 3 do Conselho Nacional de Justiça.
>
> A PRESIDENTE DO CONSELHO NACIONAL DE JUSTIÇA, no uso de suas atribuições conferidas pela Constituição Federal, especialmente o que dispõe o inciso I, §4º, de seu artigo 103-B, e tendo em vista o decidido pelo Plenário do Supremo Tribunal Federal nos autos da Ação Direta de Inconstitucionalidade nº 3823,
>
> R E S O L V E:
>
> Art. 1º Fica revogada a Resolução nº 24, de 24 de outubro de 2006, que dispõe sobre a revogação do disposto no art. 2º da Resolução nº 3 do Conselho Nacional de Justiça.
>
> Art. 2º Esta Resolução entra em vigor na data de sua publicação, com efeitos retroativos a 24 de outubro de 2006, ficando expressamente repristinados os efeitos do art. 2º da Resolução nº 03 do Conselho Nacional de Justiça.

3.2.2 A Resolução nº 6, de 13 de setembro de 2005, e a sua revogação pela Resolução nº 106, de 06 de abril de 2010

A concretização normativa direta da Lei Maior pelo CNJ também implica outras resoluções do mesmo órgão, às quais se atribui equivocadamente força primária. Nesse sentido, eis a Resolução nº 6/2005, que dispunha sobre a "aferição do merecimento para promoção de magistrados e acesso aos Tribunais de 2º grau", consoante o artigo 93, II, III, IV, IX e X, CR/88, mesmo que o *caput* de tal dispositivo seja enfático sobre a necessidade de lei complementar de iniciativa do STF — o Estatuto da Magistratura.

Tal resolução fixava os parâmetros para a valoração do merecimento, sendo resultado do julgamento do Pedido de Providências nº 8/2005, no qual a Associação dos Magistrados Brasileiros requereu a adoção pelos tribunais do voto aberto e fundamentado nas promoções por merecimento de magistrados, observando os critérios objetivos definidos no art. 93, II, "c", da Constituição Federal, com a redação da EC nº 45/2004.

Conforme destaca Melo (2005), o CNJ estabeleceu, no indigitado julgamento, "num primeiro momento, a auto-aplicabilidade do supracitado dispositivo constitucional para, em seguida, firmar a obrigatoriedade da imediata observância de critérios objetivos nas promoções de magistrados e a necessidade de fixação, pelo próprio conselho, de regras básicas a serem seguidas pelos tribunais para escolha da lista de merecimento".

Em tal decisão, mais uma vez, o CNJ deu concretude direta à Constituição da República, estabelecendo critérios a serem seguidos pelos tribunais em todo o Brasil, violando a regra estampada no artigo 93, *caput*.

Como resultado da Portaria nº 496, de 18 de março de 2009, foi instituído grupo de trabalho para elaboração de proposta de critérios objetivos de produtividade para aferição do merecimento quanto às promoções de magistrados. Mostrou-se necessário aprimorar os critérios previstos na Resolução nº 6, conferindo maior objetividade às regras para a promoção por merecimento.

A proposta da Resolução nº 106, que substituiu a Resolução nº 6, do CNJ, foi submetida à consulta pública, tendo recebido 234 sugestões de magistrados, advogados e entidades representativas.

Assim, a Resolução nº 6 foi revogada pela Resolução nº 106, conforme deliberado pelo Plenário do Conselho Nacional de Justiça em sua 102ª Sessão Ordinária, realizada em 06 de abril de 2010.

Continua presente, portanto, a indevida concretude direta do artigo 93, *caput*, da Carta Constitucional, agora perpetrada pela indigitada Resolução nº 106, do CNJ.

3.2.3 A Resolução nº 7, de 18 de outubro de 2005, e a ADCMC nº 12-DF

Singular destaque foi dado também à Resolução nº 7, famosa por "expurgar" o nepotismo do Judiciário brasileiro, mas nem por isso acima de todas as suspeitas quanto à sua legitimação. Com a edição dessa resolução, os ânimos acirraram-se, especialmente entre os desembargadores estaduais (FEITOSA, 2007).

Tal resolução dispõe sobre "o exercício de cargos, empregos e funções por parentes, cônjuges e companheiros de magistrados e de servidores investidos em cargos de direção e assessoramento, no âmbito dos órgãos do Poder Judiciário e dá outras providências", atualizada com a redação das Resoluções nº 9/2005 e nº 21/2006. Assim, enumera os casos considerados práticas de nepotismo, nos termos do artigo 2º, cominando a nulidade para os mesmos (artigo 1º). O intitulado "nepotismo cruzado" também foi vedado, visto que poderia ser utilizado de forma fraudulenta (inciso II):

> Art. 2º Constituem práticas de nepotismo, dentre outras:
>
> I – o exercício de cargo de provimento em comissão ou de função gratificada, no âmbito da jurisdição de cada Tribunal ou Juízo, por cônjuge, companheiro ou parente em linha reta, colateral ou por afinidade, até o terceiro grau, inclusive, dos respectivos membros ou juízes vinculados;
>
> II – o exercício, em Tribunais ou Juízos diversos, de cargos de provimento em comissão, ou de funções gratificadas, por cônjuges, companheiros ou parentes em linha reta, colateral ou por afinidade, até o terceiro grau, inclusive, de dois ou mais magistrados, ou de servidores investidos em cargos de direção ou de assessoramento, em circunstâncias que caracterizem ajuste para burlar a regra do inciso anterior mediante reciprocidade nas nomeações ou designações;
>
> III – o exercício de cargo de provimento em comissão ou de função gratificada, no âmbito da jurisdição de cada Tribunal ou Juízo, por cônjuge, companheiro ou parente em linha reta, colateral ou por afinidade, até o terceiro grau, inclusive, de qualquer servidor investido em cargo de direção ou de assessoramento;
>
> IV – a contratação por tempo determinado para atender a necessidade temporária de excepcional interesse público, de cônjuge, companheiro ou parente em linha reta, colateral ou por afinidade, até o terceiro grau, inclusive, dos respectivos membros ou juízes vinculados, bem como de qualquer servidor investido em cargo de direção ou de assessoramento;
>
> V – a contratação, em casos excepcionais de dispensa ou inexigibilidade de licitação, de pessoa jurídica da qual sejam sócios cônjuge, companheiro ou parente em linha reta ou colateral até o terceiro grau, inclusive, dos respectivos membros ou juízes vinculados, ou servidor investido em cargo de direção e de assessoramento.

A análise do julgamento da Ação Declaratória de Constitucionalidade, com pedido cautelar, (ADCMC) nº 12-DF, na qual a Associação dos Magistrados Brasileiros, sob a lavra do jurista Luís Roberto Barroso, visou à declaração de constitucionalidade da indigitada "resolução do nepotismo", demonstra os contornos bastante amplos, e por tal razão questionáveis, adotados pelo STF acerca do poder regulamentar do CNJ.

Os fundamentos da inicial foram, em síntese: a competência constitucional do CNJ para zelar pela observância do artigo 37, CR/88, e apreciar a validade dos atos administrativos do Poder Judiciário; eficácia jurídica dos princípios constitucionais — vedação ao nepotismo decorre do princípio da impessoalidade; vinculação da Administração Pública não apenas à legalidade formal, mas à juridicidade, o que, segundo o impetrante, possibilita a concretização normativa direta da Constituição; ausência de violação à separação de Poderes e ao princípio federativo; inexistência de direitos fundamentais oponíveis à resolução.

O Supremo Tribunal Federal apressou-se em julgar tal demanda diante do grande número de ações nos tribunais em todo o Brasil, tentando obter a manutenção dos cargos de familiares de magistrados, haja vista a previsão, no artigo 5º da resolução, do prazo de noventa dias, contados da publicação da mesma, para exoneração dos ocupantes de cargos de provimento em comissão e de funções gratificadas, se em alguma das situações previstas no artigo 2º.

A decisão prolatada acabou, por unanimidade, acolhendo os argumentos da exordial e adotar interpretação bastante ampliada em relação a referido poder (SAMPAIO, 2007), mesmo estando esse amparado em princípios constitucionais de conteúdo aberto.

Segundo o acórdão, acompanhando os termos do voto do Ministro-Relator Carlos Ayres Britto, a Resolução nº 7 resguarda os atributos da generalidade (contém normas proibitivas de condutas administrativas de logo padronizadas), impessoalidade (ausência de indicação nominal ou patronímica) e abstratividade (modelo normativo com âmbito temporal de vigência em aberto), o que permite sua análise, em ADC.

Ademais, referida decisão entendeu que a Resolução nº 7 é dotada de caráter normativo primário, posto que:

arranca diretamente do §4º do art. 103-B da *Carta-cidadã* e tem como finalidade debulhar os próprios conteúdos lógicos dos princípios constitucionais de centrada regência de toda atividade administrativa do Estado, especialmente o da impessoalidade, o da eficiência, o da igualdade e o da moralidade. (BRASIL. Supremo Tribunal Federal. Ação declaratória de constitucionalidade nº 12-6/DF. Rel. Ministro Carlos Ayres Britto, 2006, p. 2)

Admitindo a concretização normativa direta da Constituição da República pelo CNJ, os Ministros aplicaram a *Doctrine of Implied Powers*.[19] O princípio dos Poderes Implícitos encontra precedente na histórica decisão da Suprema Corte norte-americana, em *McCulloch v. Maryland*, 17 U.S (1819). Aragão (2002, p. 299-300) defende sua aplicação quando o ordenamento jurídico prevê determinada finalidade para a Administração Pública, o que significa, segundo ele, a existência de poder regulamentar implícito para efetuar a prestação (meio).

Nesse caso, referido autor entende não haver usurpação do conteúdo da Constituição, mas aplicação do princípio dos poderes implícitos, como concebido por Marshall: "legítimo o fim e, dentro da esfera Constituição, todos os meios que sejam convenientes, que plenamente se adaptem a esse fim e que não estejam proibidos, mas que sejam compatíveis com a letra e o espírito da Constituição, são constitucionais".

Seguindo essa vertente, os ministros, em sua maioria, anunciaram que a resolução não contradiz o conteúdo constitucional, tendo o conselho feito "adequado uso da competência que lhe conferiu a Carta de Outubro, após a Emenda 45/04" (ADCMC nº 12/DF).

Ademais, não admitiram o caráter inovador da resolução no ordenamento brasileiro, vez que deduziram as restrições impostas ao nepotismo dos princípios contidos no artigo 37, especialmente da impessoalidade, eficiência, igualdade e moralidade, segundo a tese de eficácia jurídica dos princípios constitucionais.[20]

Lado outro, seguindo a mesma orientação da ADI nº 3.367 (que declarou a constitucionalidade do CNJ), consolidaram que a resolução não atenta contra o princípio da separação de poderes e o princípio federativo, não obstante a autonomia dos Estados para organizarem as suas "próprias justiças".

Por maioria de votos, vencido o Ministro Marco Aurélio, foi concedida a liminar e ao final, no julgamento da ADC, por unanimidade considerou-se constitucional a Resolução nº 7 do CNJ.

Corroborando mencionada decisão, Moraes (2008) — vale notar, ex-conselheiro do CNJ — afirma que a vedação ao nepotismo é preceito implícito derivado diretamente da Constituição e dos princípios que

---

[19] Conforme sustentado por Barroso: "É fora de dúvida que, ao atribuir ao CNJ tal poder-dever, a Constituição conferiu-lhe também os meios lícitos para desincumbir-se dele" (ADCMC nº 12/DF).

[20] Nesse diapasão, asseveraram que: "o que já era constitucionalmente proibido permanece com essa tipificação, porém, agora, mais expletivamente positivado" (ADCMC nº 12/DF).

regem a Administração Pública e que ao CNJ cabe competência constitucional para coibir tal prática.[21] Importante distinguir que o Ministro Marco Aurélio, em seu voto referente à medida cautelar, de forma coerente, indeferiu a mesma, por não vislumbrar a competência legiferante do Conselho Nacional de Justiça. Recorrendo ao pressuposto de normatividade abstrata do ato para fins de impetração da ação declaratória de constitucionalidade, ele considera que:

> A ação declaratória de constitucionalidade — tal como a irmã gêmea, a ação direta de inconstitucionalidade — pressupõe, conforme está na Carta da República, um ato normativo abstrato, vale dizer, se o caso concreto não revela um ato normativo abstrato, não é dado, em se tratando de ação declaratória de constitucionalidade e de ação direta de inconstitucionalidade, admitir validamente a existência do processo objetivo. (BRASIL. Supremo Tribunal Federal. Ação declaratória de constitucionalidade, nº 12-6/DF. Rel. Ministro Carlos Ayres Britto, 2006, p. 88)

Contrariando os demais ministros, ele declarou que a Constituição revela no seu artigo 103-B, §4º, a ausência de poder normativo do conselho, cabendo citar o seguinte trecho:

> *Onde há base constitucional para o Conselho Nacional de Justiça normatizar de forma abstrata, substituindo-se ao Congresso?* Não encontro, Senhor Presidente, por mais que queira ver a atuação profícua desse mesmo Conselho, base para afirmar que tem ele o poder, como disse, normativo. (BRASIL. Supremo Tribunal Federal. Ação declaratória de constitucionalidade nº 12-6/DF. Rel. Ministro Carlos Ayres Britto, 2006, p. 90-91, grifos nossos)

Assim, em conclusão do indigitado voto, o Ministro Marco Aurélio ressalta que se o conselho houvesse "legislado" ao editar a Resolução nº 7, ele o teria feito totalmente às margens das atribuições previstas taxativamente na Constituição da República. Cogitando até mesmo de uma *liminar negativa ou até de uma providência para suspender o ato do conselho,* o ministro acabou por apenas indeferir a medida acauteladora, uma vez que "o Conselho não tem poder normativo" (ADCMC nº 12/DF, p. 92).

---

[21] Ele ainda alega a inexistência de direito adquirido ou ato jurídico perfeito quanto às nomeações para cargos em comissão, "cujas nomeações e investiduras precárias desrespeitaram flagrantemente as normas constitucionais" (MORAES, 2008, p. 18).

Digna de destaque a discussão entre os ministros, levantada outrossim pelo Ministro Marco Aurélio acerca do cabimento de liminar em sede de ADC, especialmente em uma cujo mérito avulta pelo conteúdo polêmico. O Ministro Sepúlveda Pertence justificou o cabimento da liminar, considerando o número de ações judiciais ajuizadas nos diversos Estados da Federação, "muitas delas com provimento liminar impeditivo da eficácia da Resolução nº 7, do Conselho Nacional de Justiça (ADCMC n. 12/DF, p. 113)".

Contrariamente, o Ministro Marco Aurélio entendeu pela inadmissibilidade da cautelar em ADC, com a qual se intentou suspender atos jurisdicionais já formalizados — as referidas ações contra a Resolução nº 7 ajuizadas em todo o Estado brasileiro — submetendo a segundo plano o livre acesso ao Poder Judiciário, uma garantia constitucional básica. Nesse sentido, ele vislumbrou um intuito concretizante da resolução através da liminar pleiteada na ADCMC nº 12, tendo em vista toda a controvérsia levantada em seu entorno.

Se a mencionada resolução não exorbitasse a seara de competência do CNJ, se não ferisse os preceitos constitucionais e os limites do poder regulamentar em nosso ordenamento, uma liminar em ADC seria algo desnecessário, irrelevante — o que não corresponde ao presente caso.

O respeitado Ministro Cezar Peluso, em aparte ao voto do Ministro Sepúlveda Pertence, salientou que, se de acordo com o §4º, I, do artigo 103-B, CR/88, o conselho "tem poder regulamentar, quando se tratar de zelar pelo cumprimento do Estatuto da Magistratura, a fortiori há de tê-lo, quando se cuide do cumprimento da Constituição. Não vejo, pois, como negar ao Conselho esse mesmo poder regulamentar, no caso" (ADCMC –12/DF, p. 116). No entanto, com a devida vênia, o que fica ainda mais claro nesse dispositivo é justamente o caráter limitado e secundário do poder regulamentar do CNJ, ao qual cabe zelar pelo cumprimento do Estatuto da Magistratura "no âmbito de sua competência", conforme texto do referido artigo.

O entendimento exarado pelo Supremo na referida ADC apresenta grande risco, se a partir dele forem admitidos regulamentos de órgãos ou entidades dotados de poder regulamentar segundo a Constituição que inovem no ordenamento sem qualquer comando legislativo prévio, como assegura Urbano de Carvalho (2008):

> O risco é comprometer seriamente o princípio da reserva legal e o da independência e harmonia entre os poderes, porquanto afastado o limite nítido que exclui a matéria a ser tratada em lei e aquela deixada ao espaço da regulação administrativa, qual seja, a inovação reservada ao Legislativo. (p. 316)

Sampaio (2007, p. 284) ressalta que o CNJ não pode buscar razões adicionais que extrapolem sua condição de órgão administrativo, conquanto entenda que a Resolução nº 7 não é inconstitucional. Não "pela decorrência direta da Constituição ou porque o Conselho tem atribuição normativa autônoma e primária", pois segundo o citado autor, a resolução não inovou o nosso ordenamento, mas apenas explicitou diversas normas espalhadas no sistema, bem como reproduziu jurisprudência anterior do STF.[22] Assim, ele disponibiliza os seguintes dispositivos federais pertinentes:

> o artigo 177, VIII, da Lei n. 8112/1990 — para o serviço público federal, o art. 10 da Lei n. 9421/1996 para o Judiciário Federal; o art. 22, da Lei n. 9953/2000 — para o Ministério Público da União; e o art. 357, parágrafo único, RISTF — para o Supremo Tribunal Federal [...].

O Tribunal de Contas da União também já se pronunciara quanto à vedação ao nepotismo, deduzindo-a do princípio constitucional da moralidade administrativa:

> Representação formulada pelo Ministério Público junto ao TCU. Possível prática de nepotismo no TRT da 15ª Região SP. Nomeação de parentes para cargo em comissão. Contrariedade à decisão de caráter normativo. Ofensa ao princípio constitucional da moralidade administrativa. Inexistência de direito adquirido a regime jurídico, máxime quando se trata de ocupante de cargo comissionado, demissível ad nutum. Conhecimento. Procedência parcial. Razões de justificativa rejeitadas. Determinada a exoneração dos servidores. (BRASIL, TCU, 2ª T., Rel. Ministro Adylson Motta, Acórdão nº 393, de 18/03/2004)

Não pairam dúvidas quanto à nobreza dos fins buscados pela referida resolução, bem como à pressão da sociedade que influenciou sua edição, ávida por um basta ao nepotismo. Entende-se, todavia, que referida matéria deveria ter sido trazida por uma lei, a solução cabendo ao Legislativo — "órgão constitucionalmente legitimado para tanto" (RUARO; CURVELO, 2007, p. 129). A LOMAN foi literalmente atropelada pelo CNJ, que agiu como se dotado de poder regulamentar autônomo.

A vacilante e insegura aplicação da *Implied Powers* (SAMPAIO, 2007) serviu para abrigar os excessos da Resolução nº 7.

---

[22] Tal como decidido na ADI/RS, Medida Cautelar nº 1.521, Rel. Ministro Marco Aurélio, DJ, 17 mar. 2000.

Em um Estado em que, na tensão constante entre as funções estatais, o Legislativo encontra-se tão enfraquecido, *il faut* retomar a força do processo de elaboração das leis.

Clève, Streck e Sarlet (2005) conjecturam que, no Estado Democrático de Direito, não se pode admitir a expedição de atos (resoluções, decretos, portarias etc.) por órgão administrativo com força de lei, "circunstância que faz com que tais atos sejam ao mesmo tempo legislativos e executivos, isto é, como bem lembra Canotilho, a um só tempo 'leis e execução de leis'".

Ademais, mesmo sendo aceita a aplicação da *Implied Powers Doctrine* para legitimar a resolução do nepotismo,

> é certo que o poder de polícia do Conselho se exerce sobre atividade pública e tem caráter organizatório, não envolvendo, em regra, direitos fundamentais. Há em jogo prerrogativas e garantias institucionais e direitos subjetivos públicos, mas não necessariamente direitos fundamentais. (SAMPAIO, 2007, p. 282)

Importante revelar que, após a confirmação da constitucionalidade da Resolução nº 7/2005 no mérito da ADC nº 12/06, o STF decidiu no Recurso Extraordinário nº 579.951-4/RN que a vedação ao nepotismo contida em tal resolução é aplicável aos órgãos dos Poderes Executivo e Legislativo:

> ADMINISTRAÇÃO PÚBLICA. VEDAÇÃO NEPOTISMO. NECESSI-DADE DE LEI FORMAL. INEXIGIBILIDADE. PROIBIÇÃO QUE DECORRE DO ART. 37, CAPUT, DA CF. RE PROVIDO EM PARTE. I – Embora restrita ao âmbito do Judiciário, a Resolução 7/2005 do Conselho Nacional da Justiça, a prática do nepotismo nos demais Poderes é ilícita. II – A vedação do nepotismo não exige a edição de lei formal para coibir a prática. III – Proibição que decorre diretamente dos princípios contidos no art. 37, caput, da Constituição Federal. IV – Precedentes. V – RE conhecido e parcialmente provido para anular a nomeação do servidor, aparentado com agente político, ocupante, de cargo em comissão. (BRASIL, STF, RE nº 579.951-4/RN, Rel. Min. Ricardo Lewandowski, 2008)

Destarte, de posse do mesmo argumento com a finalidade de declarar a constitucionalidade da Resolução nº 7/2005 do CNJ e para a decisão do RE supracitado, o STF, atuando de forma flagrante como legislador positivo, ao retirar da abstração dos princípios do artigo 37, CR/88, restrições não previstas anteriormente em lei, editou a Súmula Vinculante nº 13, que dispõe:

A nomeação de cônjuge, companheiro ou parente em linha reta, colateral ou por afinidade, até o terceiro grau, inclusive, da autoridade nomeante ou de servidor da mesma pessoa jurídica investido em cargo de direção, chefia ou assessoramento, para o exercício de cargo em comissão ou de confiança ou, ainda, de função gratificada na Administração Pública direta e indireta em qualquer dos poderes da União, dos Estados, do Distrito Federal e dos Municípios, compreendido o ajuste mediante designações recíprocas, viola a Constituição Federal.

Pelas decisões *supra*, intui-se que a liberdade de conformação do legislador restou totalmente esquecida pelo STF. O dever de concretização legislativa predispõe que há um "âmbito de discricionariedade conferido ao órgão institucionalmente legitimado para selecionar as condutas reputadas relevantes para a realização dos postulados constitucionais" (BEZERRA, 2008, p. 34).

É preciso distinguir os espaços de atuação, de argumentação do Poder Legislativo, muito mais amplos do que os do juiz e, principalmente, bem mais ilimitados em relação ao administrador — este deve atuar de forma restrita, segundo os ditames legais (SAMPAIO, 2007).

Restou afrontada a separação de funções estatais: a uma, quando o CNJ editou a Resolução nº 7/2005, inserindo no ordenamento a vedação ao nepotismo; a duas, quando o STF estendeu os efeitos de tal resolução ao editar a Súmula Vinculante nº 13, atuando como legislador positivo.

3.2.4 A Resolução nº 8, de 29 de novembro de 2005

Arrogando-se um poder regulamentar autônomo não previsto no artigo 103-B da Constituição e substituindo-se ao Legislativo, o CNJ editou a Resolução nº 8/2005, estendendo o recesso natalino da Justiça Federal (de 20 de dezembro a 06 de janeiro), previsto na Lei nº 5.010/1996, para o Poder Judiciário estadual, nos termos do seu artigo 1º:

> Os Tribunais de Justiça dos Estados poderão, por meio de deliberação do Órgão Competente, suspender o expediente forense no período de 20 de dezembro a 6 de janeiro, garantindo o atendimento aos casos urgentes, novos ou em curso, através de sistema de plantões.

3.2.5 A Resolução nº 11, de 31 de janeiro de 2006, e a sua revogação pela Resolução nº 75, de 12 de maio de 2009

A Resolução nº 11/2006 foi editada pelo CNJ, após denso embate doutrinário, a fim de pacificar a questão do conceito de atividade jurídica e o seu cômputo. Posteriormente, ela foi revogada pela Resolução nº 75/2009, a qual dispõe de forma ampla sobre os concursos públicos para ingresso na carreira da magistratura em todos os ramos do Poder Judiciário do Brasil.

A Resolução nº 75/2009 define, no seu artigo 59, o conceito de atividade jurídica, o que merece uma análise detida. Tal disposição regulamentou a inovação trazida pela EC nº 45/2004, de exigência de três anos de atividade jurídica, para ingresso na carreira da magistratura (art. 93, I, CR/88).

À primeira vista, já se verifica uma intenção de se colmatar o papel do Poder Legislativo (SAMPAIO, 2007), pela clara exigência constitucional da prévia edição do Estatuto da Magistratura, lei complementar de iniciativa do Supremo Tribunal Federal para disciplinar os três anos de atividade jurídica.

Diante, pois, da inexistência dessa lei até o momento, pode-se creditar à Resolução nº 76 tão somente a hierarquia de uma "recomendação aos órgãos administrativos e comissões dos concursos para a carreira da magistratura, nada mais" (PAULA, 2006, p. 3).

O CNJ, inferido o seu caráter administrativo, não dispõe de atribuição para restringir o conceito de atividade jurídica e, por consequência, o livre acesso a cargos públicos, o que só poderia ocorrer mediante lei. Nesse sentido, a precisa redação do artigo 37, I, CR/88:

Art. 37. A administração pública direta e indireta de qualquer dos Poderes da União, dos Estados, do Distrito Federal e dos Municípios obedecerá aos princípios de legalidade, impessoalidade, moralidade, publicidade e eficiência e, também, ao seguinte:

I – os cargos, empregos e funções públicas são acessíveis aos brasileiros que preencham os *requisitos estabelecidos em lei*, assim como aos estrangeiros, na forma da lei; (grifo nosso)

No entanto, é o que se verifica no artigo 58, §1º, "b", da resolução em comento, que admite como atividade jurídica, a ser verificada no momento da inscrição definitiva no concurso, somente aquela posterior à obtenção do grau de bacharel em direito; no artigo 59, que delimita quais atividades podem ser admitidas no cômputo da atividade jurídica.

O STF adotou posição favorável à forma de contagem e comprovação de atividade jurídica previstas pelo CNJ, quando do julgamento da ADI nº 3.460/DF. Tal ação, ajuizada pela Associação Nacional dos Membros do Ministério Público, impugnou o artigo 7º, *caput* e parágrafo único da Resolução nº 35/2002, do Conselho Superior do Ministério

Público do Distrito Federal e Territórios.[23] O posicionamento dos ministros sobre tal norma semelhante à Resolução nº 76 do CNJ demonstra que eles entenderam inexigível lei em sentido formal para delimitação da atividade jurídica, não obstante representar uma restrição ao direito estampado no artigo 37 da Lei Maior, como já exposto.

Dessa forma, foi julgada improcedente a ADI nº 3.460, nos seguintes termos:

Constitucional. Ação direta de inconstitucionalidade. Artigo 7º, caput e parágrafo único, da Resolução nº 35/2002, com a redação dada pelo art. 1º da Resolução nº 55/2004, do Conselho Superior do Ministério Público do Distrito Federal e Territórios. A norma impugnada veio atender ao objetivo da Emenda Constitucional 45/2004 de recrutar, com mais rígidos critérios de seletividade técnico-profissional, os pretendentes à carreira ministerial pública. Os três anos de atividade jurídica contam-se da data da conclusão do curso de Direito e o fraseado "atividade jurídica" é significante de atividade para cujo desempenho se faz imprescindível a conclusão de curso de bacharelado em Direito. O momento da comprovação desses requisitos deve ocorrer na data da inscrição no concurso, de molde a promover maior segurança jurídica tanto da sociedade quanto dos candidatos. Ação improcedente. (BRASIL, STF, ADI nº 3460/DF, Rel Min. Carlos Britto, 2006)

3.2.6 As resoluções nº 13, de 21 de março de 2006, e nº 14, de 21 de março de 2006

A expressão "no âmbito de sua competência" (artigo 103-B, §4º, I, CR/88) também teve seu uso lexical ampliado, alcançando a disciplina direta dos mandamentos constitucionais para fundamentar as resoluções nºs 13/2006 e 14/2006 (SAMPAIO, 2007), editadas com a finalidade de aplicar o teto remuneratório constitucional para os servidores do Poder Judiciário, idem para a magistratura dos Estados que não adotam o subsídio. Atropelando o legislador estadual, o CNJ fixou o teto

---

[23] "Art. 7º. Poderão inscrever-se, no concurso público, bacharéis em Direito com, no mínimo, três anos de atividade jurídica (art. 129, §3º da CF) e comprovada idoneidade moral.
Parágrafo único. A atividade jurídica, verificada no momento da inscrição definitiva, deverá ser demonstrada, juntamente com os demais documentos indicados no art. 11, por:
a) certidão da OAB, comprovando a atividade jurídica, na forma da Lei n. 8906, de 1994, a abranger a postulação perante qualquer órgão do Poder Judiciário, bem como atividades de consultoria, assessoria e direção jurídicas, sob inscrição da Ordem dos Advogados do Brasil;
b) certidão de exercício de cargo, emprego ou função pública, privativos de bacharel em Direito, sejam efetivos, permanentes ou de confiança."

remuneratório dos magistrados e servidores dos Tribunais de Justiça, tendo em vista o artigo 37, XI, c/c 93, V, CR/88 e a Lei nº 11.143/2005, conforme transcrição:

> RESOLUÇÃO Nº 13, DE 21 DE MARÇO DE 2006
>
> (Alterada pelas Resoluções n. 27, de 18 de dezembro de 2006 e nº 42, de 11 de setembro de 2007)
>
> [...]
>
> Art. 1º No âmbito do Poder Judiciário da União, o valor do teto remuneratório, nos termos do art. 37, inciso XI, da Constituição Federal, combinado com o seu art. 93, inciso V, é o subsídio de Ministro do Supremo Tribunal Federal e corresponde a R$24.500,00 (vinte e quatro mil e quinhentos reais)
>
> Art. 2º Nos órgãos do Poder Judiciário dos Estados, *o teto remuneratório constitucional é o valor do subsídio de Desembargador do Tribunal de Justiça, que não pode exceder a 90,25% (noventa inteiros e vinte e cinco centésimos por cento) do subsídio mensal de Ministro do Supremo Tribunal Federal.*
> (grifos nossos)

> RESOLUÇÃO Nº 14, DE 21 DE MARÇO DE 2006
>
> (Alterada pela Resolução n. 42, de 11 de setembro de 2007)
>
> [...]
>
> Art. 1º O teto remuneratório para os servidores do Poder Judiciário da União, nos termos do inciso XI do art. 37 da Constituição Federal, é o subsídio de Ministro do Supremo Tribunal Federal e corresponde a R$24.500,00 (vinte e quatro mil e quinhentos reais)
>
> Parágrafo único. Enquanto não editadas as leis estaduais referidas no art. 93, inciso V, da Constituição Federal, *o limite remuneratório dos magistrados e servidores dos Tribunais de Justiça corresponde a 90,25% (noventa inteiros e vinte e cinco centésimos por cento) do teto remuneratório constitucional referido no caput,* nos termos do disposto no art. 8º da Emenda Constitucional nº 41/2003. (grifos nossos)

Além de exorbitarem a competência administrativa do conselho, tais resoluções incorreram em uma segunda inconstitucionalidade — estipularam tetos remuneratórios diferenciados para os membros da magistratura estadual e os da federal, *vide* dispositivos acima grifados.

O Poder Judiciário goza de aspecto nacional, tendo em vista que a jurisdição é una, indivisível, a divisão de sua estrutura em "Justiças" denotando mera conveniência administrativa, com fins à "divisão racional do trabalho" (ADI nº 3367/DF). Negar sua unicidade "importaria desconhecer o unitário tratamento orgânico que, em termos gerais, lhe dá a Constituição da República", sendo certo que uma única lei, de caráter nacional, rege todos os magistrados brasileiros — a LOMAN, Lei Complementar nº 35/1979 (ADI nº 3367/DF).

Outrossim, instala-se clara afronta ao princípio da isonomia ao se instituir um teto remuneratório diferenciado entre os magistrados federais e estaduais, com o agravante de que aos últimos cabe um teto inferior (90,25% do subsídio mensal de ministro do STF), enquanto aos federais aplicou-se o valor integral dos subsídios dos ministros do STF (R$24.500,00). Como assegura o Ministro Cezar Peluso, "a mera diversidade das respectivas categorias da estrutura judiciária nacional não legitima, como critério teórico de diferenciação, quebra do modelo unitário de escalonamento vertical dos subsídios dos magistrados [...]" (ADIMC nº 3854/DF).

Tais disparidades foram reconhecidas em decisão acertada do STF, que deferiu liminar nos autos da ADIMC nº 3.854/DF:

> MAGISTRATURA. Remuneração. Limite ou teto remuneratório constitucional. Fixação diferenciada para os membros da magistratura federal e estadual. Inadmissibilidade. Caráter nacional do Poder Judiciário. Distinção arbitrária. Ofensa à regra constitucional da igualdade ou isonomia. Interpretação conforme dada ao art. 37, inc. XI, e §12, da CF. Aparência de inconstitucionalidade do art. 2º da Resolução nº 13/2006 e do art. 1º, §único, da Resolução nº 14/2006, ambas do Conselho Nacional de Justiça. Ação direta de inconstitucionalidade. Liminar deferida. Voto vencido em parte. Em sede liminar de ação direta, aparentam inconstitucionalidade normas que, editadas pelo Conselho Nacional da Magistratura, estabelecem tetos remuneratórios diferenciados para os membros da magistratura estadual e os da federal. (BRASIL, STF, ADIMC nº 3854-1/DF, Rel. Ministro Cezar Peluso, *DJ*, 29 jun. 2007, 00022)

Desse modo, excluiu-se a submissão dos membros da magistratura estadual ao subteto da remuneração, bem como foi suspensa a eficácia do artigo 2º da Resolução nº 13/2006 e do artigo 1º, parágrafo único, da Resolução nº 14/2006, do CNJ na referida decisão liminar. Ainda não há decisão definitiva de tal feito no STF, tendo sido apensados aos autos da referida ADI, as ADIs nºs 4.014/DF, 3.855/DF e 3.872/DF.

Importante mencionar ainda, mais uma vez intervindo na autonomia do Poder Judiciário dos Estados, que a Resolução nº 13/2006 dispôs sobre o que se entende pelo termo "subsídio", vedando o "acréscimo de qualquer gratificação, adicional, abono, prêmio, verba de representação ou outra espécie remuneratória, de qualquer origem" (art. 3º), que correspondiam a 42 parcelas pagas. Ela somente excepcionou determinadas parcelas expressamente previstas, que podem continuar a ser pagas.

Mesmo já tendo sido incorporadas, a extinção das parcelas previstas na Resolução nº 13 tem sido adotada pelo STF, não se aplicando os princípios do direito adquirido ou da irredutibilidade de vencimentos, conforme decisão liminar no MS nº 26.056, que reiterou o seguinte posicionamento:

> Constitucional. Administrativo. Servidor público. Gratificação incorporada: sua absorção, por lei que majorou vencimentos: Inexistência de ofensa a direito adquirido ou ao princípio da irredutibilidade de vencimentos. Tribunal de Contas: Julgamento da legalidade de aposentadorias: Contraditório. I. – Gratificação incorporada, por força de lei. Sua absorção, por lei posterior que majorou vencimentos: inexistência de ofensa aos princípios do direito adquirido ou da irredutibilidade de vencimentos, na forma da jurisprudência do STF. II. – Precedentes do STF. III. – O Tribunal de Contas, no julgamento da legalidade de concessão de aposentadoria, exerce o controle externo que lhe atribui a Constituição, no qual não está jungido a um processo contraditório ou contestatório. IV. – Mandado de Segurança indeferido. (BRASIL, STF, MS nº 24.784, Rel. Ministro Carlos Velloso, *DJ*, 25 jun. 2004)

Dentre as parcelas excepcionadas, ressalte-se que a Resolução nº 14 dispõe que não estão sujeitas ao teto remuneratório constitucional, "a remuneração ou provento de magistrado decorrente do exercício do magistério, nos termos do art. 95, parágrafo único, inciso I, da Constituição Federal", bem como a "gratificação do magistrado pelo exercício da função eleitoral, prevista nos art. 1º e 2º da Lei nº 8.350, de 28 de dezembro de 1991, na redação dada pela Lei nº 11.143, de 26 de julho de 2005".

Em decisão proferida pelo CNJ, em 16.12.2008, no Pedido de Providências nº 2008.1.000.001.741-8, requerido pelo Sindicato dos Trabalhadores do Poder Judiciário e do Ministério Público da União no Distrito Federal (SINDJUS/DF), tal possibilidade de pagamento acima do teto constitucional — em se tratando de acumulação de cargos públicos autorizada na Constituição (artigo 37, XVI) — foi estendida aos servidores públicos do Poder Judiciário. O conselho reconheceu a violação do princípio de isonomia, vez que a exceção prevista dirige-se somente aos magistrados, pelo que restou declarada a necessidade de reformar a Resolução nº 14.

Importante destacar que o CNJ não pretendia com essa decisão acabar com o teto remuneratório, mesmo porque esse está previsto na

Constituição da República brasileira, mas sim excepcionar parcelas acumuláveis para os servidores. Entretanto, em 18.03.2009, sendo reaberto o julgamento do Pedido de Providências, o CNJ decidiu não alterar mais a Resolução nº 14, pela maioria de oito votos a cinco, por entender que não há uma discussão amadurecida sobre o assunto e que a alteração poderia acarretar pagamentos acima do teto para servidores que acumulam legalmente dois cargos, nos casos previstos na Constituição da República.

3.2.7 A Resolução nº 59, de 09 de setembro de 2008

Mais uma vez, no intuito de "zelar pela observância dos princípios do artigo 37 da Constituição Federal, pela escorreita prestação e funcionamento do serviço judiciário", o CNJ editou a Resolução nº 59, aprovada por doze votos a um, contendo regras para autorizações de escuta telefônica.

Após maciço debate deflagrado na mídia, o CNJ, sem esperar por qualquer medida aclamada pelo Congresso, aprovou nova disciplina que institui um sistema nacional de coleta de dados de interceptações telefônicas legais. Nesse sentido, impõe a comunicação pelos juízes investidos na competência criminal, de todo o Brasil, à Corregedoria Nacional de Justiça, acerca da quantidade de escutas autorizadas, conforme texto alterado pela Resolução nº 84, de 6 de julho de 2009:

> Art. 18. Mensalmente, os Juízes investidos de competência criminal informarão à Corregedoria Nacional de Justiça, por via eletrônica, em caráter sigiloso, a quantidade de interceptações em andamento.
> I – Revogado.
> II – Revogado.
> Parágrafo único. Revogado.

Destaque-se que tal resolução, arrogando-se a competência legislativa processual, estabelece as regras a serem adotadas pelos magistrados quando do deferimento cautelar de interceptação telefônica, inclusive detalhando o que deve constar na mesma decisão:

> Art. 10. Atendidos os requisitos legalmente previstos para deferimento da medida o Magistrado fará constar expressamente em sua decisão:
> I – a indicação da autoridade requerente;
> II – os números dos telefones ou o nome de usuário, e-mail ou outro identificador no caso de interceptação de dados;

III – o prazo da interceptação;

IV – a indicação dos titulares dos referidos números;

V – a expressa vedação de interceptação de outros números não discriminados na decisão;

VI – os nomes das autoridades policiais responsáveis pela investigação e que terão acesso às informações;

VII – os nomes dos funcionários do cartório ou secretaria responsáveis pela tramitação da medida e expedição dos respectivos ofícios, podendo reportar-se à portaria do juízo que discipline a rotina cartorária.

§1º Nos casos de formulação de pedido verbal de interceptação (artigo 4º, §1º, da Lei nº 9.296/96), o funcionário autorizado pelo magistrado deverá reduzir a termo os pressupostos que autorizem a interceptação, tais como expostos pela autoridade policial ou pelo representante do Ministério Público.

§2º A decisão judicial será sempre escrita e fundamentada.

Sem intuito algum de entrar na discussão acerca do mérito das interceptações telefônicas, verifica-se que o CNJ, mais uma vez, pretendeu substituir o legislador, a quem cabia a regulamentação de forma mais ampla e profunda de tal matéria. E ainda comprometeu a independência dos magistrados ao impor a comunicação e os requisitos das decisões de deferimento das escutas autorizadas.

Ademais, as corregedorias, assim como o CNJ, são órgãos administrativos — é sempre bom recordar — e não possuem atribuição para interferir na atuação dos juízes, principalmente em procedimentos sigilosos jurisdicionais (como ocorre nas escutas).

Insurgindo-se contra a referida resolução, a Procuradoria-Geral da República impetrou ADI (4.145), com pedido cautelar, perante o STF — nove dias após a sua aprovação. Destacando o abuso cometido pelo CNJ no tocante a seu poder regulamentar, a PGR alega que ele acabou por "(i) adentrar na atividade típica ou finalística do Judiciário e (ii) inovou a ordem jurídica, subvertendo reserva constitucional de lei em sentido formal" (ADIMC nº 4145/DF, p. 11).

E, para deixar claro que a presente ADI vai além da discussão travada no julgamento da ADC nº 12, em que o STF apenas reconheceu o poder regulamentar do CNJ, sem estabelecer seus limites, a PGR adotou o método do *distinguishing*, "para que seja julgada situação anteriormente não apreciada" (ADIMC nº 4.145/DF, p. 12).

O incontido receio de que houvesse interferência na atividade-fim dos magistrados, que se fez presente quando da criação do CNJ no Brasil, agora possui amparo real diante da Resolução nº 59. Ela criou requisitos formais para validade de decisão jurisdicional proferida em processos cautelares criminais, depositados nos artigos 2º a 5º, ora transcritos:

Art. 2º. Os pedidos de interceptação de comunicação telefônica, telemática ou de informática, formulados em sede de investigação criminal e em instrução processual penal, serão encaminhados à Distribuição da respectiva Comarca ou Subseção Judiciária, em envelope lacrado contendo o pedido e documentos necessários.

Art. 3º. Na parte exterior do envelope a que se refere o artigo anterior será colada folha de rosto contendo somente as seguintes informações:

I – "medida cautelar sigilosa";

II – delegacia de origem ou órgão do Ministério Público;

III – comarca de origem da medida.

Art. 4º. É vedada a indicação do nome do requerido, da natureza da medida ou qualquer outra anotação na folha de rosto referida no artigo 3º.

Art. 5º. Outro envelope menor, também lacrado, contendo em seu interior apenas o número e o ano do procedimento investigatório ou do inquérito policial, deverá ser anexado ao envelope lacrado referido no artigo 3º.

Assim, como atenta a PGR, "se, por ventura, o ato jurisdicional não respeitar o que prescreve a Resolução, todo o processo poderá ser anulado por violação ao devido processo legal" (ADIMC nº 4.145/DF, p. 13). A gravidade da resolução aqui encontra o seu ápice. Comprometer todo um trâmite processual em função de requisitos formais previstos em ato administrativo redunda algo inadmissível.

Válido mencionar que, em notícia veiculada no *site* oficial do CNJ,[24] em 18.11.2008, divulgou-se que no Brasil estavam sendo monitorados 11.846 telefones, com autorização da Justiça, conforme dados fornecidos por cinco tribunais regionais federais e pelos tribunais de Justiça dos Estados — exclusão para Alagoas, Mato Grosso, Paraíba, Tocantins e São Paulo (por não estarem integrados ao sistema). Tal número apresenta uma disparidade imensa se comparado às 400 mil interceptações telefônicas divulgadas pela CPI dos Grampos.

Tais dados podem descortinar duas faces da mesma questão — por um lado, pode significar a existência de muitos grampos ilegais; mas por outro, também pode demonstrar o quanto os magistrados, após

---

[24] "Cerca de 12 mil telefones são monitorados com autorização judicial."

a edição da Resolução nº 59, encontram-se cerceados ao autorizarem escutas telefônicas necessárias, diante dos inúmeros requisitos impostos para tanto. Além disso, verifica-se que nem todos os tribunais estaduais do Brasil aderiram ao abusivo sistema de controle nacional das interceptações telefônicas.

Mesmo não sendo reconhecida a ingerência na atividade jurisdicional ou sendo considerada a resolução de caráter meramente administrativo, a reserva de lei prevista expressamente (art. 5º, XII, CR/88) não deixa qualquer dúvida sobre a inconstitucionalidade do ato normativo em exame, como pondera a PGR.

Entretanto, como conclui Feitosa (2008), a Corte tem rechaçado "sistematicamente a grande maioria dos questionamentos trazidos contra as decisões do Conselho de modo a assegurar-lhe um rol de poderes relativamente amplo e a possibilidade de intervir sobre os atos administrativos de todos os Tribunais brasileiros".

Face aos abusos cometidos no exercício da atribuição regulamentar do CNJ, que ameaçam a democracia e a República, violando o sistema de tripartição de funções estatais e subvertendo o princípio da juridicidade (ADIMC nº 4.145/DF, p. 11), alguma medida tem que ser tomada. É mister que limites claros sejam estabelecidos para a edição das resoluções, coibindo-se as fincas autoritárias.

Capítulo 4

Poder Regulamentar de Conselhos da Magistratura no Direito Comparado

Sumário: 4.1 Natureza, competência e limites do poder regulamentar do *Consejo General del Poder Judicial* – **4.2** Natureza, competência e limites do poder regulamentar do *Consiglio Superiore della Magistratura* – **4.3** Natureza, competência e limites do poder regulamentar do *Conselho Superior da Magistratura* – **4.4** A inexistência do poder regulamentar do *Conseil Supérieur de la Magistrature* – **4.5** Natureza, competência e limites do poder regulamentar do *Consejo de la Magistratura*

Atualmente subsistem dois referenciais modelos de Conselhos da Magistratura: o denominado latino-europeu, de matriz franco-italiana, e o nórdico-europeu, dos Estados localizados no norte da Europa (SAMPAIO, 2007).

A criação do Conselho Nacional de Justiça inspira-se no modelo latino-europeu — como já mencionado na presente obra —, não obstante ter ocorrido em contexto bem distinto.

A Europa é o "berço dos Conselhos" (SAMPAIO, 2007, p. 195), porquanto suas influências marcantes. Hoje em dia, os Conselhos da Magistratura estão presentes na estrutura administrativa judiciária de vários Estados latino-americanos, decorrendo sempre uma semelhança de formação e atribuições com os Conselhos da Magistratura Europeus, como destaca Zaragoza:

> [...] se pode observar uma série de características comuns nos diferentes países europeus e latino-americanos que tenham adotado em seus ordenamentos órgãos de governo do Poder Judiciário com nomes praticamente similares (Consejo Superior de la Magistratura, Consejo Superior Judicial, Consejo de la Judicatura etc): todos optaram por uma composição mista na qual concorrem diferentes forças [...] todos têm atribuições semelhantes para se incumbirem, entre outras, da selecção, proposição, nomeações e transferências de juízes e magistrados, bem como certas faculdades disciplinares; em outras palavras, seu trabalho

é voltado para as funções administrativas do sistema judicial, sem ter participação nas decisões jurisdicionais, e sempre com o objetivo último de assegurar a independência do Poder Judiciário.[25] (ZARAGOZA, 2004, p. 7)

Em vista disso, o órgão de autogoverno do Judiciário brasileiro vai encontrar suas origens na Constituição Francesa de 1946, especificamente em seu Capítulo XI, que criou e regulou um conselho superior da magistratura como forma de se garantir a autonomia judicial (CAMARGO, 2004).

Posteriormente, na Itália, foi criado, sob a Constituição de 1947, o *Consiglio Superiore della Magistratura*; após, sucederam-se o Conselho Superior da Magistratura em Portugal e o *Consejo General del Poder Judicial*, no ordenamento espanhol.

Fala-se em contextos muito distintos, visto que na Europa os conselhos foram criados para conferir independência e "governo democrático a um Poder que se dizia completamente independente, quando na verdade tinha todo seu pessoal e orçamento controlados pelo Governo" (CAMARGO, 2004). Assim, o Judiciário europeu é marcado pela ingerência constante do Poder Executivo, através do Ministro da Justiça, em seus aspectos administrativos. Zaragoza (2004, p. 5) destaca que o Poder Executivo é "historicamente, a principal ameaça da independência do Poder Judiciário, consequência da administração napoleônica na qual se concebe o juiz como funcionário, parte da estrutura administrativa".[26] Mesmo com a criação dos conselhos, ainda permanecem diversos entraves e conflitos com o Ministro da Justiça, em alguns Estados europeus — como será conjecturado adiante.

Ademais, a função jurisdicional — desde Montesquieu — nos Estados com regime parlamentar de governo no continente europeu é perceptível como integrante da administração do Estado, não

---

[25] "[...] se puede observar una serie de rasgos comunes en los diversos países europeos e hispanoamericanos que han adoptado en sus ordenamientos órganos de gobierno del Poder Judicial con nombres prácticamente similares (Consejo Superior de la Magistratura, Consejo Superior Judicial, Consejo de la Judicatura, etcétera): todos han optado por una composición mixta en la que concurren diferentes fuerzas [...] todos tienen atribuciones similares para encomendarles entre otras la selección, proposición, nombramientos y traslados de los jueces y magistrados, y ciertas facultades disciplinarias; en otras palabras, su labor se contrae a las funciones administrativas del Poder Judicial, sin tener participación en las decisiones jurisdiccionales, y siempre con la finalidad última de garantizar la independencia del Poder Judicial."

[26] "históricamente, la principal amenaza de la independencia del Poder Judicial, consecuencia de la administración napoleónica en donde se concibe al juez como funcionario, parte de la estructura administrativa".

assumindo o Judiciário a qualidade de "terceiro Poder estatal" (HARO, 1995, p. 2).

No Brasil, ao contrário, seguindo a tradição norte-americana de configuração do Judiciário como um dos três clássicos Poderes do Estado, a Constituição da República de 1988 assegura-lhe autonomia administrativa e financeira no artigo 99.

Verifica-se, portanto, à primeira vista, que destoam as finalidades de implantação dos conselhos da magistratura no contexto europeu e no brasileiro. O CNJ foi implantado não para garantir uma independência já consagrada, mas sim para controlar, fiscalizar a atividade administrativa e financeira do Judiciário e o cumprimento dos deveres funcionais, pelos juízes.

Um ponto comum a respeito da implantação dos Conselhos da Magistratura é a forte resistência inicial dos magistrados, tanto em Estados Europeus, quanto no Brasil, não obstante na Europa tal receio tenha sido em vão, vez que os conselhos consolidaram a independência do Judiciário (CARVALHO, 2006). No Brasil, não se pode confirmar tal assertiva.

Tendo em vista o enfoque assumido pelo poder regulamentar do CNJ e considerando as influências europeias do modelo nacionalmente adotado, essencial é verificar como se exerce o poder regulamentar pelos conselhos na Europa.

Ato contínuo, o intuito do presente capítulo é abordar a natureza, a competência e os limites do poder regulamentar dos conselhos da magistratura na Espanha, Itália, Portugal e França, fundamentais expoentes do modelo latino-europeu, de forma a se refletir e, possivelmente, aplicar em nosso ordenamento, a experiência já adquirida por tais Estados.

Adiante segue, no tópico 4.5, igualmente, uma análise sobre o poder regulamentar do conselho da magistratura da Argentina. Tal Estado foi selecionado, vez que, tirante as influências do modelo latino--europeu, o conselho argentino surgiu por ocasião da reforma constitucional de 1994, em situação semelhante ao CNJ — dada a tradição de independência do Judiciário argentino, ao menos formalmente. Além disso, o exercício do poder regulamentar por referido conselho desvenda instigantes particularidades, em especial, a extensão do mesmo.

Conforme aventa Di Federico (1998), as atribuições dos conselhos da magistratura somente nos últimos trinta anos adquiriram relevância nos Estados democráticos, e a análise de Direito Comparado denota que as piores dificuldades encontradas por vários países quanto às novas atribuições têm se manifestado com a mesma natureza, em muitos aspectos.

4.1 Natureza, competência e limites do poder regulamentar do *Consejo General del Poder Judicial*

O poder regulamentar do *Consejo General del Poder Judicial* (CGPJ), órgão de controle do Poder Judiciário espanhol, está previsto constitucionalmente no artigo 122 e no artigo 110 da Lei Orgânica do Poder Judiciário. O legislador espanhol diz muito, de modo a não pairar dúvidas quanto aos limites do poder regulamentar do *Consejo* (SAMPAIO, 2007). Importante a transcrição do referido dispositivo constitucional:

> 122. 1. A Lei Orgânica do Poder Judiciário determinará a constituição, funcionamento e governo dos Julgados e Tribunais, assim como o estatuto jurídico dos Juízes e Magistrados de carreira, que formarão um corpo único, e daqueles a serviço da Administração da Justiça.
>
> 2. O *Consejo General del Poder Judicial* é o órgão de governo do mesmo. A lei orgânica estabelecerá seu estatuto e o regime de incompatibilidades de seus membros e suas funções, em particular em matéria de nomeações, promoções, inspeção e regime disciplinar. [27]

Em cumprimento ao comando acima mencionado, a *Lei Orgánica 6/1985, de 1 de julio, del Poder Judicial (LOPJ)*, reformada pela *Lei Orgánica 16/1994, de 8 de noviembre*, fornece os precisos contornos e limites dos regulamentos editados pelo *Consejo*. A depender dos efeitos alcançados pelos regulamentos, pode-se dividi-los em internos ou externos.

O poder regulamentar interno consiste no exercício da capacidade de autogerenciamento pelo CGPJ, versando sobre sua organização e funcionamento, tendo como limite o que prevê a LOPJ em seu artigo 110.1 (MARTÍN, 2007, p. 14): "o *Consejo General del Poder Judicial* poderá ditar Regulamentos sobre seus funcionários, organização e funcionamento nos termos da legislação sobre a Função Pública".[28]

Pelo dispositivo citado, verifica-se que além de adstrito à LOPJ, o CGPJ deve observar as previsões da legislação administrativa específica, a fim de "evitar a criação de um regime jurídico para os funcionários

---

[27] "122. 1. La Ley Orgánica del Poder Judicial determinará la constitución, funcionamiento y gobierno de los Juzgados y Tribunales, así como el estatuto jurídico de los Jueces y Magistrados de carrera, que formarán un Cuerpo único, y del personal al servicio de la Administración de Justicia.
2. El Consejo General del Poder Judicial es el órgano de gobierno del mismo. La ley orgánica establecerá su estatuto y el régimen de incompatibilidades de sus miembros y sus funciones, en particular en materia de nombramientos, ascensos, inspección y régimen disciplinario."

[28] "el Consejo General del Poder Judicial podrá dictar Reglamentos sobre su personal, organización y funcionamiento en el marco de la legislación sobre la Función Pública."

vinculados à organização em questão, comparativamente menos benéfico e sujeito a garantias de que gozam os funcionários públicos submetidos ao Direito comum" (RAMIREZ, 1995, p. 251).[29] Tal capacidade regulamentar *ad intra*, responsável pelas suas relações recíprocas, gera relações especiais de sujeição, ou seja, repercute em relação às pessoas diretamente submetidas ao seu império (RAMIREZ, 1995). Nessa seara, o CGPJ editou o regulamento 1/1986, de 22 de abril, a respeito da organização e funcionamento do *Consejo General del Poder Judicial*.

O poder regulamentar externo, cerne do presente estudo, manifesta-se pela edição de regulamentos notadamente executivos. Importante demarcar que tal competência não foi prevista originariamente pelo legislador quando da edição da LOPJ, em 1985, cabendo-a tradicionalmente ao Ministério da Justiça. Obstaculizando-se a previsão concernente apenas à regulamentação interna, de fato já se podia constatar uma tendência *ad extra* nos regulamentos, o que evidencia o descompasso entre teoria e prática (RAMIREZ, 1995).

A imprecisão legislativa e as oscilações jurisprudenciais perduraram até a reforma de 1994. Nesse ínterim, destaque visível obteve a Sentença do Tribunal Constitucional (STC) nº 108/1986, de 29 de julho, ao admitir interpretação ampliada ao poder regulamentar do CGPJ, desde que respeitados a reserva de lei aplicável e o caráter subordinado do poder regulamentar:

> O status dos Juízes e Magistrados, ou seja, o conjunto de direitos e deveres de que são titulares como tais, Juízes e Magistrados, tem de vir determinado pela lei e mais precisamente pela Lei Orgânica (art. 122.1 da Constituição). Ele não supõe necessariamente que não caiba em termos absolutos nenhum tipo de regulação infralegal que afete esse status. Exigências de caráter prático podem impor que regulações de caráter secundário e auxiliar possam ser dispostas pela via regulamentar. Mas é claro que tal tipo de disposições não podem incidir no conjunto de direitos e deveres que configuram o estatuto dos Juízes e sim somente regular, como se há dito, condições acessórias para seu exercício. *O tipo de regulamento que contenha essas condições poderá entrar no âmbito daqueles cuja aprovação é faculdade do Consejo segundo o citado art. 110 da LOPJ, que deve ser interpretado em forma ampla, por constituir uma garantia das funções*

---

[29] "evitar la creación de un régimen jurídico para el personal a la organización en cuestión vinculado, comparativamente menos beneficioso y sujeto a garantías que el que gozan los funcionarios públicos sometidos al Derecho común."

que a mesma Lei atribui ao Consejo para proteção da independência judicial.[30] (STC 108/1986, grifos nossos)

Tal posicionamento foi reiterado pela STC nº 253/2005, que, ao se manifestar acerca da distribuição de competências da administração da justiça, destacou o caráter único do governo do Poder Judicial e sua correspondência ao CGPJ.

Na reforma de 1994, o legislador resolveu enfrentar a questão até então problemática e lacunosa sobre os limites do poder regulamentar do *Consejo*. Assim, incluiu no referido artigo 110, em seu item segundo, da LOPJ, "uma extensa, expressa, bem delimitada, concreta e específica enumeração de matérias"[31] (RAMIREZ, 1995, p. 255) a respeito das quais podem versar os regulamentos do CGPJ, desta forma as introduzindo:

> Estes regulamentos poderão regular condições acessórias para o exercício dos direitos e deveres que conformam o estatuto judicial *sem inovar aqueles nem alterar este em seu conjunto*. Poderão ser aprovados nos casos em que sejam necessários para a execução ou aplicação dessa lei, naqueles em que assim se preveja nessa ou outra lei e, especialmente, nas seguintes matérias [...]. (grifos nossos)[32]

Dirimindo dúvidas acerca do âmbito material de atuação do CGPJ, mencionado artigo deixa expresso o caráter secundário, subordinado e inferior dos regulamentos. Ademais, fixa com precisão o conteúdo sobre os quais poderão dispor:

---

[30] "El status de los Jueces y Magistrados, es decir, el conjunto de derechos y deberes de los que son titulares como tales Jueces y Magistrados, ha de venir determinado por ley y más precisamente por Ley Orgánica (art. 122.1 de la Constitución). Ello no supone necesariamente que no quepa en términos absolutos ningún tipo de regulación infralegal que afecte a ese status. Exigencias de carácter práctico pueden imponer que regulaciones de carácter secundario y auxiliar puedan ser dispuestas por vía reglamentaria. Pero en el bien entendido que tal tipo de disposiciones no pueden incidir en el conjunto de derechos y deberes que configuran el estatuto de los Jueces y sí sólo regular, como se ha dicho, condiciones accesorias para su ejercicio. El tipo de reglamento que contenga esas condiciones podrá entrar en el ámbito de aquellos cuya aprobación es facultad del Consejo según el citado art. 110 de la LOPJ, que debe ser interpretado en forma amplia, por constituir una garantía de las funciones que la misma Ley asigna al Consejo para protección de la independencia judicial."

[31] "una extensa, expresa, bien delimitada, concreta y específica enumeración de materias."

[32] "Estos reglamentos podrán regular condiciones accesorias para el ejercicio de los derechos y deberes que conforman el estatuto judicial *sin innovar aquellos ni alterar éste en su conjunto*. Podrán aprobarse en los casos en que sean necesarios para la ejecución o aplicación de esta ley, en aquellos en que así se prevea en esta u otra ley y, especialmente, en las siguientes materias [...]"

a. Sistema de ingresso, promoção e especialização na Carreira Judicial, regime dos funcionários judiciais em estágio e dos juízes adjuntos e cursos teóricos e práticos na Escola Judicial, assim como organização e funções da mesma. Para esse efeito, no desenvolvimento regulamentar da organização e funções da Escola Judicial, deverá determinar-se a composição de seu Conselho Reitor, no qual necessariamente deverão estar representados o Ministério da Justiça, as comunidades autônomas com competências em matéria de Justiça e as associações profissionais de juízes e magistrados.

b. Forma de distribuição entre turnos e de provisão de vagas desocupadas e desertas de juízes e magistrados.

c. Tempo mínimo de permanência no destino dos juízes e magistrados.

d. Procedimento dos concursos regrados e forma de requerimento de provisão de vagas e de cargos de nomeação discricionária.

e. Atividades de formação dos juízes e magistrados e forma de obtenção de títulos de especialização.

f. Situações administrativas de juízes e magistrados.

g. Regime de licenças e permissões de juízes e magistrados.

h. Valoração de mérito tendo como base preferível o conhecimento do idioma e Direito próprios das comunidades autônomas na provisão de vagas judiciais no território da comunidade respectiva.

i. Regime de incompatibilidades e tramitação de expedientes sobre questões que afetem o estatuto de juízes e magistrados.

j. Conteúdo do Escalão judicial, nos termos previstos nesta Lei.

k. Regime de substituições dos magistrados suplentes, dos juízes substitutos, e dos Juízes de Paz.

l. Funcionamento e competências das Salas de Governo, das Juntas de Juízes e demais órgãos governativos e eleições, nomeação e destituição de membros das Salas de Governo e de Altos Juízes.

m. Inspeção de julgados e tribunais e tramitação de acusações e denúncias.

n. Publicidade das atuações judiciais, habilitação de dias e horas, fixação das horas de audiência pública e constituição dos órgãos judiciais fora de sua sede.

ñ. Especialização de órgãos judiciais, atribuição e apresentações de casos e as regras gerais relativas à prestação e ao desenvolvimento do serviço de guarda, sem prejuízo da responsabilidade do Ministério da Justiça ou, se for o caso, das Comunidades Autônomas com competências em matéria de pessoal.

o. Formulário de destituição e posse nos órgãos judiciais e confecção de denúncias.

p. Cooperação jurisdicional.

q. Honras e tratamento de juízes e magistrados e regras sobre protocolo em atos judiciais.

r. Sistemas de racionalização, organização e medição do trabalho que se estimem convenientes, com os quais se possa determinar a carga de trabalho que consegue suportar um órgão jurisdicional, assim como estabelecer critérios mínimos homogêneos para a elaboração de normas de distribuição.[33]

A reforma de 1994, segundo Ramirez (1995), decolou oportunamente para normalizar a posição do CGPJ no ordenamento jurídico

---

[33] "a. Sistema de ingreso, promoción y especialización en la Carrera Judicial, régimen de los funcionarios judiciales en prácticas y de los jueces adjuntos y cursos teóricos y prácticos en la Escuela Judicial, así como organización y funciones de ésta. A este efecto, en el desarrollo reglamentario de la organización y funciones de la Escuela Judicial, deberá determinarse la composición de su Consejo Rector, en el que necesariamente habrán de estar representados el Ministerio de Justicia, las comunidades autónomas con competencias en materia de Justicia y las asociaciones profesionales de jueces y magistrados.
b. Forma de distribución entre turnos y de provisión de plazas vacantes y desiertas de jueces y magistrados.
c. Tiempo mínimo de permanencia en el destino de los jueces y magistrados.
d. Procedimiento de los concursos reglados y forma de solicitud de provisión de plazas y de cargos de nombramiento discrecional.
e. Actividades de formación de los jueces y magistrados y forma de obtención de títulos de especialización.
f. Situaciones administrativas de jueces y magistrados.
g. Régimen de licencias y permisos de jueces y magistrados.
h. Valoración como mérito preferente del conocimiento de la lengua y derecho propios de las comunidades autónomas en la provisión de plazas judiciales en el territorio de la comunidad respectiva.
i. Régimen de incompatibilidades y tramitación de expedientes sobre cuestiones que afecten al estatuto de jueces y magistrados.
j. Contenido del Escalafón judicial, en los términos previstos en esta Ley.
k. Régimen de sustituciones, de los magistrados suplentes, de los jueces sustitutos, y de los Jueces de Paz.
l. Funcionamiento y facultades de las Salas de Gobierno, de las Juntas de Jueces y demás órganos gubernativos y elecciones, nombramiento y cese de miembros de las Salas de Gobierno y de Jueces Decanos.
m. Inspección de juzgados y tribunales y tramitación de quejas y denuncias.
n. Publicidad de las actuaciones judiciales, habilitación de días y horas, fijación de las horas de audiencia pública y constitución de los órganos judiciales fuera de su sede.
ñ. Especialización de órganos judiciales, reparto de asuntos y ponencias y normas generales sobre prestación y desarrollo del servicio de guardia, sin perjuicio de las competencias del Ministerio de Justicia o, en su caso, de las comunidades autónomas con competencias en materia de personal.
o. Forma de cese y posesión en los órganos judiciales y confección de alardes.
p. Cooperación jurisdiccional.
q. Honores y tratamiento de jueces y magistrados y reglas sobre protocolo en actos judiciales.
r. Sistemas de racionalización, organización y medición del trabajo que se estimen convenientes con los que determinar la carga de trabajo que puede soportar un órgano jurisdiccional, así como establecer criterios mínimos homogéneos para la elaboración de normas de reparto."

espanhol, atribuindo-lhe as competências necessárias para a realização dos seus fins institucionais, quais sejam de administração do Poder Judiciário. Além disso, ao contemplar as garantias requeridas pelo ordenamento, proporcionou uma *"seguridad jurídica"* (RAMIREZ, 1995, p. 256).

Saggese (2003) sustenta que a alteração do citado artigo 110, da LOPJ, além de incorporar procedimento específico para a elaboração de regulamentos pelo CGPJ, especificou de certa forma, os termos bastante vagos adotados na STC nº 108/1986.

Destarte, o legislador espanhol tentou sanar os debates jurisprudenciais e doutrinários entravados, ao contrário do que se verifica no ordenamento brasileiro até presente momento.

Importante, sem dúvida, é pontuar que a reforma de 1994 não eliminou completamente a insegurança jurídica advinda da redação da LOPJ. Em leitura detida do artigo 110.2 de mencionada lei, verifica-se que a relação de matérias passíveis de regulamentação pelo CGPJ foi estabelecida a modo de *numerus apertus* (SAGGESE, 2003). O uso da expressão "e, especialmente, nas seguintes matérias", importa na não exclusão de outros assuntos quando da regulamentação da LOPJ ou diferentes leis.

Se o extenso rol fosse taxativo, evidentemente que outra expressão seria adotada, como, por exemplo, "especificamente nas seguintes matérias".

Além da restrição mediante o rol de matérias mencionado, a participação do Ministério da Justiça e das comunidades autônomas é assegurada pelo legislador, caso revelem-se competências associadas ao conteúdo do regulamento ou necessária coordenação com as do CGPJ.

Da mesma forma, devem ser ouvidas as associações profissionais de juízes e magistrados ou entidades interessadas, conforme artigo 110.3, com redação emitida na reforma promovida pela Lei Orgânica nº 19/2003, de 23 de dezembro:

> Os projetos de regulamentos de desenvolvimento submeter-se-ão ao relatório das associações profissionais de juízes e magistrados e das corporações profissionais ou associacões de outra natureza que tenham reconhecida, legalmente, representação de interesses que possam ser afetados. Dar-se-á intervenção à Administração do Estado, por meio do Ministério da Justiça, e às das comunidades autônomas sempre que uma ou outras tenham competências relacionadas ao conteúdo do regulamento ou seja necessário coordenar essas com as do *Consejo*

General. Serão coletadas as consultas e os estudos prévios que se considerem pertinentes e um parecer quanto à legalidade do projeto.[34]

Santos assevera que o regulamento do CGPJ, como qualquer norma da mesma classe, carece observar determinados princípios:

> a reserva de lei, não podendo afetar o Regulamento à matéria protegida por aquela, por sua vez provoca que à categoria normativa ficar congelada e que somente uma Lei possa intervir posteriormente nesse âmbito material; o princípio de legalidade (artigo 9.3 CE), que impõe a existência de uma norma jurídica habilitante e reguladora do uso de poderes administrativos; o princípio de competência (sustentado no princípio de legalidade) e que significa que o regulamento não pode desrespeitar o disposto na Constituição, Tratados internacionais e outras Leis, nem invadir o âmbito de regulação de outra Administração ou entidade com poder regulamentar ou atribuída expressamente a outro órgão. E a hierarquia normativa (artigo 9.3 CE) que impede a entrada do Regulamento nas regulações existentes com categoria de Lei, sob pena de incorrer em nulidade radical.[35] (MARTÍNEZ DE SANTOS, 2006)

Sempre oportunas as lições de García de Enterría e Fernández (1998, p. 167-168) que, destacando a supremacia das leis (respeitados os comandos constitucionais) na criação do Direito, justificam a inferioridade do regulamento:

> A Lei arrebata a incondicionalidade de seu conteúdo e a irresistibilidade de sua eficácia por sua legitimação na vontade da comunidade; o Regulamento não pode ser apresentado como vontade da comunidade,

---

[34] "Los proyectos de reglamentos de desarrollo se someterán a informe de las asociaciones profesionales de jueces y magistrados y de las corporaciones profesionales o asociaciones de otra naturaleza que tengan reconocida legalmente representación de intereses a los que puedan afectar. Se dará intervención a la Administración del Estado, por medio del Ministerio de Justicia, y a las de las comunidades autónomas siempre que una y otras tengan competencias relacionadas con el contenido del reglamento o sea necesario coordinar éstas con las del Consejo General. Se recabarán las consultas y los estudios previos que se consideren pertinentes y un dictamen de legalidad sobre el proyecto."

[35] "la reserva de ley no pudiendo afectar el Reglamento a materia protegida por aquella, lo que su vez provoca que el rango normativo quede congelado y que solo una Ley pueda intervenir posteriormente en ese ámbito material; el principio de legalidad (artículo 9.3 CE) que impone la existencia de una norma jurídica habilitante y reguladora del uso de potestades administrativas; el principio de competencia (sustentado en el principio de legalidad) y que significa que el reglamento no puede vulnerar lo dispuesto en la Constitución, Tratados internacionales y otras Leyes, ni invadir el ámbito de regulación de otra Administración o entidad con potestad reglamentaria o atribuida expresamente a otro órgano. Y, la jerarquía normativa (artículo 9.3 CE) que impide la entrada del Reglamento en las regulaciones existentes con rango de Ley sino quiere incurrir en nulidad radical."

porque a Administração não é um representante da comunidade, é uma organização serviçal da mesma, de que resulta algo em essência distinto; no Regulamento não se expressa uma hipotética 'vontade geral', mas sim uma simples regra técnica, 'ocorrência dos funcionários', à qual órgãos simplesmente administrativos legaram expressão definitiva.[36] (GARCÍA DE ENTERRÍA; FERNÁNDEZ, 1998, p. 167-168)

Apesar dos motivos acima expostos, o Tribunal Supremo da Espanha tem interpretado de forma bastante equivocada o poder regulamentar do CGPJ. Sua decisão proferida em sede recursal, num feito que impugnou resoluções do *Consejo*, por exorbitarem o campo de atuação previsto na Lei Orgânica do Poder Judiciário, clarifica tal posicionamento. A doutrina de vinculação do administrador à lei foi interpretada de maneira bastante flexível, conforme se atesta:

> Os artigos 103 e 106 da Constituição, ao dizer que a Administração atua com plena submissão à lei e que os Tribunais controlam o poder regulamentar e a legalidade da atuação administrativa, ratificam sustancialmente a doutrina mencionada, mas ao mesmo tempo, ao ordenar que aquela atue de acordo com o princípio de eficácia, ao estabelecer como parâmetro da mesma não somente a lei em sentido estrito, mas o Direito enquanto conjunto do ordenamento jurídico e assinalar como limite da atuação administrativa, a submissão aos fins que a justificam, permitem apreciar a possibilidade de que poderes atribuídos expressamente pela Lei sejam interpretadas em termos que permitam satisfazer devidamente, com plenitude e eficácia, *os fins implícitos na concreta atribuição de poder de que se trate*.[37] (STS, Sala 3ª Secc. 7ª, de 7 de fevereiro de 2000, Rel. D. Ramon Trillo Torres, recurso contencioso-administrativo 526/1997, grifos nossos)

---

[36] "La Ley arranca la incondicionalidad de su contenido y la irrestibilidad de su eficacia por su legitimación en la voluntad de la comunidad; el Reglamento no puede presentarse como voluntad de la comunidad, porque la Administración no es un representante da la comunidad, es una organización servicial de la misma, lo cual resulta algo en esencia distinto; en el Reglamento no se expresa por ello una hipotética 'voluntad general', sino que es una simple regla técnica, 'ocurrencia de los funcionarios', a la que órganos simplemente administrativos han dado expresión definitiva."

[37] "Los artículos 103 y 106 de la Constitución, al decir que la Administración actúa con sometimiento pleno a la ley y que los Tribunales controlan la potestad reglamentaria y la legalidad de la actuación administrativa, ratifican sustancialmente la doctrina mencionada, pero al mismo tiempo, al ordenar que aquella actúe de acuerdo con el principio de eficacia, al establecer como parámetro de la misma no solo la ley en sentido estricto, sino el Derecho en cuanto conjunto del ordenamiento jurídico y señalar como límite de la actuación administrativa, el sometimiento a los fines que la justifican, permiten apreciar la posibilidad de que potestades atribuidas expresamente por la Ley sean interpretadas en términos que permitan satisfacer debidamente, con plenitud y eficacia, los fines implícitos en la concreta atribución de potestad de que se trate."

Divisa-se semelhança considerável quanto aos fundamentos acima citados, e aqueles adotados pelo STF quando do julgamento da resolução do CNJ contra o nepotismo. Curiosamente, o Tribunal Supremo inclinou-se pela *Doctrine of Implied Powers*, o que foi determinado também pelo STF, *a posteriori*, ao admitir a concretização normativa primária por referida resolução — o que, aliás, já foi examinado no capítulo anterior.

Não obstante indigitada jurisprudência, tendo em vista os dispositivos da LOPJ e a doutrina espanhola, indubitável o CGPJ não possuir poder legislativo, nem mesmo ter acesso direto à Constituição Espanhola, vez que a LOPJ deixa clara sua submissão à execução ou aplicação dessa lei ou do que disponha uma outra lei (artigo 110.2). Qualquer que ela seja, a atribuição regulamentar externa do *Consejo* estará sempre limitada em sua intensidade material, como nos adverte Saggese (2003).

O limite para o exercício do poder regulamentar pelo *Consejo* são "os direitos e obrigações dos juízes contemplados pela Lei Orgânica do Judiciário: não pode criar novos, nem alterar o conteúdo dos estabelecidos pela citada LOPJ" (DELGADO MARTÍN, 2007, p. 15).[38]

4.2 Natureza, competência e limites do poder regulamentar do *Consiglio Superiore della Magistratura*

O *Consiglio Superiore della Magistratura*, órgão de autogoverno da magistratura italiana, tem suas atribuições previstas na Constituição e em lei específica, *L. 24 marzo 1958, nº 195*, que trata da "Costituzione e sul funzionamento del Consiglio superiore della Magistratura". O artigo 105 da Constituição é nítido em sua submissão do *Consiglio* às normas do ordenamento judiciário: "cabem ao *Consiglio superiore della magistratura*, nos termos das normas do ordenamento judiciário, as ascensões, as destinações e as transferências, as promoções e as medidas disciplinares de juízes".[39]

As atribuições do CSM vêm previstas no artigo 10 da *L. 24 marzo, 1958, nº 195*, cuja transcrição é oportuna:

10. Atribuições do *Consiglio Superiore*.

Cabe ao *Consiglio Superiore* deliberar:

---

[38] "los derechos y obligaciones de los jueces contemplados por la Ley Orgánica del Poder Judicial: no puede crear nuevos ni alterar el contenido de los establecidos por la citada LOPJ."

[39] "Artigo 105. Spettano al Consiglio superiore della magistratura, secondo le norme dell' ordinamento giudiziario, le assunzioni, le assegnazioni ed i trasferimenti, le promozioni e i provvedimenti disciplinari nei riguardi dei magistrati."

1) sobre ascensões na Magistratura, destinações de sedes e de funções, transferências e promoções e sobre todas as outras medidas sobre a situação dos magistrados;

2) a nomeação e demissão dos magistrados suplentes honorários, conciliadores, vice conciliadores e de corpos estranhos ao Poder Judiciário de seções especializadas; para os conciliadores, os vice conciliadores e os componentes estranhos é permitida a delegação para os presidentes das Cortes de Apelação;

3) sobre medidas disciplinares contra os juízes, como resultado de um processo disciplinar iniciado a pedido do ministro ou do Procurador-Geral no Supremo Tribunal de Cassação;

4) sobre a designação para nomeação para o cargo de juiz do Tribunal de Cassação, por notável mérito, de professores e advogados;

5) sobre concessões, dentro dos limites dos montantes a serem alocados no orçamento, dos pagamentos especiais, previstas no art. 6, D. Lgs. 27 junho 1946, n. 19, e os subsídios aos magistrados que exercem funções jurisdicionais ou às suas famílias. Apresentar propostas ao Ministro da Justiça e da Graça sobre a alteração dos distritos judiciais e em todas as questões relativas à organização e funcionamento dos serviços relacionados com a justiça. Dar parecer ao ministro acerca dos projetos de leis sobre o sistema judicial, a administração da justiça e qualquer outro assunto de qualquer modo referente a essas questões. Deliberar sobre quaisquer outros assuntos que lhe sejam atribuídos por lei.[40]

O poder regulamentar do CSM insere-se na sua chamada atividade paranormativa, a qual pode resultar na formulação de três

---

[40] "10. Attribuzione del Consiglio superiore.
Spetta al Consiglio superiore di deliberare:
1) sulle assunzioni in Magistratura, assegnazioni di sedi e di funzioni, trasferimenti e promozioni e su ogni altro provvedimento sullo stato dei magistrati;
2) sulla nomina e revoca dei vice pretori onorari, dei conciliatori, dei vice conciliatori, nonché dei componenti estranei alla Magistratura delle sezioni specializzate; per i conciliatori, i vice conciliatori e i componenti estranei è
ammessa la delega ai presidenti delle Corti di appello;
3) sulle sanzioni disciplinari a carico di magistrati, in esito ai procedimenti disciplinari iniziati su richiesta del Ministro o del procuratore generale presso la Corte suprema di cassazione;
4) sulla designazione per la nomina a magistrato di Corte di Cassazione, per meriti insigni, di professori e di avvocati;
5) sulla concessione, nei limiti delle somme all'uopo stanziate, in bilancio, dei compensi speciali previsti dall'art. 6 del D.Lgs. 27 giugno 1946, nº 19, e dei sussidi ai magistrati che esercitano funzioni giudiziarie o alle loro famiglie. Può fare proposte al Ministro per la grazia e giustizia sulle modificazioni delle circoscrizioni giudiziarie e su tutte le materie riguardanti l'organizzazione e il funzionamento dei servizi relativi alla giustizia. Dà pareri al Ministro, sui disegni di legge concernenti l'ordinamento giudiziario, l'amministrazione della giustizia e su ogni altro oggetto comunque attinente alle predette materie. Delibera su ogni altra materia ad esso attribuita dalla legge."

atos distintos. O primeiro, o "regulamento interno e regulamento de administração e contabilidade, ambos previstos legalmente"[41] (CSM, 2008). Constitui ato de normatização secundária, reconhecido a quase qualquer órgão de relevo constitucional, destinado a dispor sobre a organização e o funcionamento do CSM.

O segundo tipo de ato paranormativo é o "regulamento para a aprendizagem dos ouvintes judiciários, também expressamente previsto pela lei institutiva"[42] (CSM, 2008), ou seja, regula o "estágio" dos magistrados que acabaram de ingressar na carreira.

O terceiro tipo, o mais importante para o presente estudo, corresponde às circulares, resoluções e diretivas (CSM, 2008). As primeiras destinam-se à autodisciplina do exercício de discricionariedade administrativa do CSM. As resoluções e diretivas, por sua vez, têm por fim "propor e efetivar a aplicação de normas do ordenamento judiciário, *segundo uma interpretação sistemática das fontes*".[43] (grifos nossos).

Ressalte-se a importante limitação prevista pelo próprio CSM ao seu poder de editar resoluções — elas devem obedecer a uma interpretação sistemática das fontes e normas do ordenamento judiciário. Não restam dúvidas sobre o caráter secundário das resoluções do CSM.

Nesse sentido, sequer se atribui efeito vinculante aos citados atos paranormativos, não obstante muitas vezes interpretarem e até completarem a legislação vigente, como aduz o próprio *Consiglio:*

> A experiência destes quarenta anos revelou enfim que o CSM tem progressivamente ampliado a sua esfera de competência, através da emissão de circulares, regulamentos e diretivas de eficácia externa e, por vezes, de atos da direção política. Em relação às circulares, regulamentos e diretivas, trata-se de atividade paranormativa, que muitas vezes chega a interpretar e, por vezes, a complementar a legislação em vigor com efeitos que, embora desprovidas de caráter vinculativo, são capazes de afetar tanto o âmbito dos atos do próprio Conselho quanto "o comportamento dos potenciais destinatários do mesmo" (Sorrentino). Essa evolução tem sido foco de importantes discussões.[44] (CSM, 2008)

---

[41] "regolamento interno e regolamento di amministrazione e contabilità, entrambi previsti dalla legge."

[42] "regolamento per il tirocinio degli uditori giudiziari, anche esso espressamente previsto dalla legge istitutiva."

[43] "proporre e attuare l'applicazione di norme di ordinamento giudiziario secondo un'interpretazione sistematica delle fonti."

[44] "L'esperienza di questi quaranta anni ha, infine, mostrato che il C.S.M. ha progressivamente allargato la sua sfera di competenza, attraverso l'emanazione di circolari, regolamenti e direttive con efficacia esterna e, talora, con atti di indirizzo politico. In relazione alle

De toda forma, eles acabam por repercutir no próprio conselho e nos seus potenciais destinatários. Podem, assim, influenciar até mesmo os parlamentares, quando da deliberação sobre projetos de lei. Mas não se deve perder de vista que eles esbarram em intransponíveis barreiras, posto que "nenhuma medida administrativa pode limitar direitos fundamentais de liberdade, fora dos espaços eventualmente consentidos por uma lei ordinária de acordo com a Constituição" (TOSTI, 2008).[45]

Vale mencionar que a atribuição do Conselho Italiano que sobressai é a de emitir pareceres sobre "projetos de lei concernentes ao ordenamento judiciário, à administração da justiça e sobre qualquer outro assunto de qualquer modo relacionado com as matérias anteriores",[46] nos termos da do artigo 10 da L. *24 marzo 1958, nº 195.*

De fato, o exercício de algumas atribuições não explicitamente mencionadas na Constituição, pelo CSM, tem causado forte tensão entre ele e outros órgãos de Poder, principalmente o Parlamento. São definidas pela doutrina como "funções de representação do Poder Judiciário em relação aos outros Poderes" (Pizzorusso *apud* Wikipedia.it).[47]

Nesse sentido, insere-se a competência para propor ao Ministro da Justiça as modificações das circunscrições judiciárias e toda matéria concernente à organização e funcionamento dos serviços relativos ao Judiciário; dar pareceres não vinculantes sobre projetos de lei relativos à organização da justiça e o poder de pronunciar-se sobre quase todo evento que interfira no funcionamento do Judiciário.

Em especial, essa tensão é gerada na sociedade quando o CSM intervém na tutela de independência da magistratura em relação aos ataques externos, provenientes, primordialmente, do mundo político. Verifica-se que

a defesa pública de juízes e os tribunais ou as manifestações contrárias a propostas legislativas de reforma do Judiciário, assim como ocorre na França, têm gerado críticas e não raramente conflitos do CSM com

---

circolari, ai regolamenti e alle direttive si è parlato di attività paranormativa, che spesso arriva ad interpretare e, talvolta, ad integrare la legislazione vigente con effetti che, pur essendo privi di efficacia vincolante, sono tuttavia in grado di condizionare sia la portata degli atti dello stesso Consiglio che «i comportamenti dei potenziali destinatari di questo» (Sorrentino). Questa evoluzione è stata al centro di vivaci discussioni."

[45] "nessun provvedimento amministrativo può limitare diritti fondamentali di libertà, al di fuori degli spazi eventualmente consentiti da una legge ordinaria conforme a costituzione."

[46] "disegni di legge concernenti l'ordinamento giudiziario, l'amministrazione della giustizia e su ogni altro oggetto comunque attinenti alle predette materie."

[47] "funzioni di rappresentanza del potere giudiziario nei raporti con gli altri poteri."

o Parlamento e com o Governo, sob argumento de que faltariam ao Conselho poderes constitucionais e legais para tanto. (SAMPAIO, 2007, p. 186)

A preocupação quanto à independência e imparcialidade dos magistrados prevalecentes na Itália leva o conselho a considerar a defesa pública dos juízes, indiscutivelmente, uma atribuição sua (VOERMANS; ALBERS, 2003). Nesse contexto, o conselho apresenta-se como "baluarte e vigilante sentinela", intervindo para que não se admitam pressões ou interferências na atividade dos magistrados — segundo Verde (2002, p. 52).

A adoção de atos paranormativos também provoca tensão com o governo italiano. De sorte que, no campo político, constata-se uma tentativa de limitação da atribuição normativa do conselho (PICOZZI, 2002?). A edição da *Legge 28 de marzo 2002, nº 44*, que insere modificações na *Legge 24 marzo 1958, nº 195*, é evidente exemplo da referida tentativa pelo Parlamento.

A reforma promovida em 2002 alterou elementos da composição do CSM e da forma de designação dos seus componentes. O aspecto relevante para o presente estudo recai na redução do número de membros do CSM, que passou de trinta para vinte e quatro membros eleitos (dezesseis membros togados, escolhidos pelo Judiciário e oito membros laicos, escolhidos pelo Parlamento), além dos membros de direito: o Presidente da República, o presidente da Corte de Cassação e o procurador-geral escolhido perante esta Corte. Assim, conta-se, atualmente, com um total de vinte e sete integrantes. À parte as justificativas de racionalização e busca da eficiência do CSM ou de se evitar a autoexecução de muitas tarefas pelo CSM, alguns autores enxergaram outros fins na indigitada reforma.

Picozzi infere que "a reforma de 2002 não é totalmente extemporânea, mas é sim coerente, embora parcialmente, do desenvolvimento de um conceito que visa o redimensionamento do papel do CSM" (PICOZZI, 2002?).[48]

Verde (2002) deduz que o objetivo da tal reforma não resulta manifesto, mas que talvez denote uma tentativa de enfraquecer, mediante via transversal, um organismo que assumiu tamanho relevo entre as instituições estatais.

---

[48] "La riforma del 2002 non è affatto estemporanea ma è il coerente, anche se parziale, sviluppo di una concezione tendente al ridimensionamento del ruolo del C.s.m."

Pizzorusso, citado por Ernani Carvalho (2006, p. 4), teme as reformas realizadas com o intuito de limitação do papel do CSM:

> Nesta situação, o papel do CSM mostra-se extremamente difícil e a própria possibilidade de continuar a desempenhá-lo se apresenta incerta perante a contínua exigência de modificação de sua organização, quer por via de revisão constitucional, quer por via de referendo, quer por outras formas [...] Daí um fácil pretexto para invocar reformas que, em vez de destinadas a realizar uma maior eficiência, parecem mais destinadas a reconduzir a magistratura àquele papel subordinado que era tradicionalmente o seu, antes da Constituição de 1947.

De fato, até o momento, parece que o legislador italiano agiu de forma lenta e cautelosa, reduzindo o número de componentes do CSM, não alterando, todavia, as atribuições do referido órgão, ao contrário do legislador espanhol, que dispôs com minúcias as atribuições do seu conselho da magistratura. O fato é que continuam em aberto duas questões tão debatidas na Itália: quais são especificamente as atribuições do CSM, não previstas de forma expressa na Constituição italiana? Quais os limites dessas atribuições, entre elas, o poder regulamentar?

A doutrina italiana constata ser grave ter-se deixado tais questões "em aberto", haja vista que "o exercício de alguns poderes e funções por parte do *Consiglio*, não explicitamente mencionados na Constituição, tem sempre causado tensões com setores do mundo político" (PICOZZI, 2002?).[49]

Mas, no contexto italiano, mais cabível conviria uma reforma lenta do CSM, uma vez que esse foi criado para garantir a autonomia do Judiciário, o qual se achava atrelado ao Poder Executivo, segundo a tradição. O reforço da independência dos magistrados na Itália representa um modelo no contexto europeu e não pode sofrer prejuízo, vez que os cidadãos italianos valorizam deveras mencionado preceito (VERDE, 2002).

Atualmente, aguarda-se ansiosamente por uma nova reforma, sob o argumento de que o CSM "deve ser um órgão que assegure a eficiência da justiça e não ser puro órgão de autogoverno" (ALFANO..., 2008).[50] Pode tratar-se de uma interessante oportunidade para real definição do conceito e limites dos "poderes implícitos" do conselho italiano.

---

[49] "l'esercizio di alcuni poteri e funzioni da parte del Consiglio, non esplicitamente menzionati in Costituzione, abbia più volte causato tensioni con settori del mondo politico."
[50] "deve essere un organo che assicura l'efficienza della giustizia e non essere un puro organo di autogoverno."

4.3 Natureza, competência e limites do poder regulamentar do *Conselho Superior da Magistratura*

Em Portugal são mantidos três conselhos superiores para os juízes: um para os magistrados dos tribunais judiciais (Conselho Superior da Magistratura), um para os magistrados do Ministério Público (Conselho Superior do Ministério Público) e outro para os magistrados dos tribunais administrativos e fiscais (Conselho Superior dos Tribunais Administrativos e Fiscais), haja vista a pluralidade estrutural do Poder Judiciário português (composto por Tribunais Judiciais, Tribunal Constitucional, Tribunais Administrativos e Fiscais, Tribunais de Contas e Julgados de Paz). Ademais, os membros do Ministério Público são magistrados e inclusive participam do curso de formação inicial no Centro de Estudos Judiciários, assim como os magistrados judiciais.

As atribuições do Conselho Superior da Magistratura, previstas no ordenamento português na Constituição, artigo 217, correspondem à nomeação, colocação, transferência e promoção dos juízes dos tribunais judiciais e o exercício da ação disciplinar, nos termos da lei. Dessa forma, o constituinte português dispôs de forma superficial sobre as competências do conselho, deixando a cargo do legislador as minúcias. Tal posição delata a existência de um forte poder político sobre o conselho, pois a legislação pode modificar as atribuições do mesmo por maioria simples no Parlamento (CARVALHO, 2006). Por outro lado, como adverte Canotilho (2003), a presença de um número significativo de magistrados no conselho impede a politização do referido órgão.

Em observância ao comando constitucional, o Estatuto dos Magistrados Judiciais (Lei nº 21/85, de 30 de julho) assim dispõe, em seu artigo 149:

> 149. Compete ao Conselho Superior da Magistratura:
>
> a) Nomear, colocar, transferir, promover, exonerar, apreciar o mérito profissional, exercer a acção disciplinar e, em geral, praticar todos os actos de idêntica natureza respeitantes a magistrados judiciais, sem prejuízo das disposições relativas ao provimento de cargos por via electiva;
>
> b) Emitir parecer sobre diplomas legais relativos à organização judiciária e ao Estatuto dos Magistrados Judiciais e, em geral, sobre matérias relativas à administração da justiça;
>
> c) Estudar e propor ao Ministro da Justiça providências legislativas com vista à eficiência e ao aperfeiçoamento das instituições judiciárias;
>
> d) Elaborar o plano anual das inspecções;
>
> e) Ordenar inspecções, sindicâncias e inquéritos aos serviços judiciais;

f) Aprovar o regulamento interno e a proposta de orçamento relativos ao Conselho;
g) Adoptar as providências necessárias à organização e boa execução do processo eleitoral;
h) Alterar a distribuição de processos nos tribunais com mais de uma vara ou juízo, a fim de assegurar a igualação e operacionalidade dos serviços;
i) Estabelecer prioridades no processamento de causas que se encontrem pendentes nos tribunais por período considerado excessivo, sem prejuízo dos restantes processos de carácter urgente;
j) Propor ao Ministro da Justiça as medidas adequadas, por forma a não tornar excessivo o número de processos a cargo de cada magistrado;
l) Fixar o número e composição das secções do Supremo Tribunal de Justiça e dos tribunais da relação;
m) Exercer as demais funções conferidas por lei.

Dias (2000) divide as competências exercidas pelos Conselhos Superiores — mais a inclusão do Conselho Superior do Ministério Público, também presente em Portugal — em três classes:

a) as de carácter genérico e abstracto, relativas à faculdade de propor medidas e emitir pareceres; b) as de carácter organizacional, ao nível dos tribunais, mediante a gestão de quadros e de processos; c) e as de carácter disciplinar e de gestão de carreiras (avaliação).

O órgão de autogoverno da magistratura judicial portuguesa exibe peculiaridades em relação aos demais conselhos do modelo latino-europeu. Sua capacidade regulamentar é notadamente *ad intra*, ou seja, os atos regulamentares repercutem internamente, voltados à organização ou funcionamento dos serviços do próprio conselho. Nesse sentido, vale mencionar o Regulamento Interno do Conselho e o Regulamento das Inspeções Judiciais realizadas pelo conselho, enquanto órgão administrativo e disciplinar.

É indiscutível que, comparando-se o órgão de governo da magistratura brasileira ao conselho português, cabem atribuições bem mais restritas (SIFUENTES, 2000).

O foco das discussões em relação ao referido órgão volta-se para as atribuições disciplinares e gestão de carreiras, provocando ruidosos protestos da opinião pública e no âmago das magistraturas (DIAS, 2000).

A legitimidade e independência do Conselho Superior da Magistratura assumem um ponto fulcral no ordenamento português, vez que muitas vezes a sua autonomia confunde-se com o corporativismo dos magistrados judiciais. Tal conduta distancia-se muito da independência judicial democrática, segundo Sousa Santos (2007).

Lado outro, nota-se severa preocupação na manutenção da independência interna dos magistrados portugueses, não podendo as funções do conselho perturbar o livre exercício jurisdicional (CANOTILHO, 2003).

De fato, tal conselho é mencionado no presente estudo, dada a sua importância no contexto europeu. No entanto, seu poder regulamentar não merece análise detida, vez que o enfoque dessa obra consiste no poder regulamentar externo.

4.4 A inexistência do poder regulamentar do *Conseil Supérieur de la Magistrature*

A França é o local de implementação do primeiro Conselho Superior da Magistratura, eclodindo tal ideia na terceira república — em torno de 1870 —, objeto de um diploma legal, posteriormente, em 1883, relativo à organização judicial. O conselho francês surgiu como um instrumento democrático, antítese ao autoritarismo vigente antes (SABBATO, 2004). Somente em 1946, com a Constituição da IV República, atribui-se-lhe natureza de órgão constitucional autônomo.

A França, que nos forneceu uma das concepções modernas de justiça, considera os juízes seus meros administradores, sendo por consequência, encarregados da função judicial e não do "Poder Judicial" (SÁNCHEZ CASTAÑEDA, 2001), como disposto em sua Constituição, que intitula a Justiça de "autoridade judiciária" e não Poder Judiciário (Título VIII):

> Título VIII – Da autoridade judiciária
> Art. 64. – O Presidente da República é o garante da independência da autoridade judiciária.
> Ele é assistido pelo *Conseil Supérieur de la Magistrature*.
> Uma lei orgânica porta o estatuto dos magistrados.
> Os magistrados judiciais são inamovíveis.[51]

---

[51] "Titre VIII – De l'autorité judiciaire.
Art. 64. – Le Président de la République est garant de l'indépendance de l'autorité judiciaire.
Il est assisté par le Conseil Supérieur de la Magistrature.
Une loi organique porte statut des magistrats.
Les magistrats du siège sont inamovibles."

Malgrado a longevidade do conselho francês, falhas e críticas acometem-no. Muitas reformas foram promovidas, desde a sua previsão na Constituição de 1946, tendo a primeira ocorrido em 1958, com a promulgação da Constituição Gaullista. Um de seus sérios problemas consiste na influência política sobre a estrutura e as funções de mencionado órgão (SÁNCHEZ CASTAÑEDA, 2001). Tal fato se agrava haja vista os seus dois membros de direito — o Presidente de República, que o preside, e o Ministro da Justiça, seu Vice-Presidente (artigo 65 da Constituição).

Ademais, na medida em que o conselho aparece como assistente do Presidente da República na garantia da independência do Judiciário, a ingerência do Poder Executivo mostra-se algo inevitável na realidade institucional do primeiro. Tal interferência era ainda mais intensa, anteriormente à reforma constitucional de 1993, quando se retirou, do Presidente da República, o poder de nomear todos os membros do conselho.

Quanto às atribuições do conselho, destacam-se a nomeação, propostas de promoção e função disciplinar dos magistrados, como previsto no artigo 65 da Constituição e na sua Lei Orgânica, de nº 94-100, de 5 de fevereiro de 1994, que foi recentemente modificada pela Lei Orgânica nº 2010-830, de 22 de julho de 2010.

Tais competências se inserem na missão geral de garantir a independência da autoridade judiciária. Tendo em vista tal fim, o conselho francês realiza inspeções, coleta de dados sobre a situação da Corte de Cassação, das cortes de apelação, dos tribunais e da Escola Nacional da Magistratura, "emitindo parecer e sugerindo providências ao presidente da República" (SAMPAIO, 2007, p. 185).

Ressalte-se que o conselho consiste em duas divisões — a *formation de siége* e a *formation du parquet*. A primeira é responsável pelos assuntos relacionados com a magistratura judicial e a segunda trata de matérias relacionadas com o Ministério Público (VOERMANS; ALBERS, 2003); formam, as duas divisões, o corpo integral do conselho.

Quanto ao poder regulamentar do conselho francês, verifica-se que, face ao perfil de órgão destinado principalmente à nomeação e função disciplinar dos magistrados, sua atribuição normativa é inexistente. Sua atuação ocorre, mormente, mediante cartas e pareceres destinados ao Presidente da República, bem como comunicações de caráter geral.

Os procedimentos adotados no *Conseil* estão previstos em sua lei orgânica, bem como em decretos presidenciais, como o Decreto nº 94, de 9 de março de 1994 (FRANÇA, 1994), que dispõe principalmente sobre a forma de eleição dos magistrados membros do conselho e funcionamento do mesmo.

Como salienta Sabbato (2004), o conselho francês funciona como um mecanismo de controle interno do Judiciário, assim como as corregedorias de justiça no Brasil. Assim sendo, por motivos meramente históricos o referido conselho merece ser mencionado no presente capítulo.

Por fim, insta salientar que, desde março de 2007, o *Conseil* elabora um código de obrigações deontológicas dos magistrados, o que de forma semelhante ocorreu no Brasil, quando da edição do Código de Ética da Magistratura Nacional pelo Conselho Nacional de Justiça.

4.5 Natureza, competência e limites do poder regulamentar do *Consejo de la Magistratura*

O *Consejo de La Magistratura* (CM) argentino se incluiu na Constituição da Argentina mediante a Reforma Constitucional ocorrida em 1994, contando com o financiamento fornecido pelo Banco Mundial para o aprimoramento de seu sistema de justiça (SAMPAIO, 2007). Em dada alteração muitas funções que antecipadamente cabiam à *Corte Suprema de Justiça de la Nación* foram transferidas para o CM — entre as quais, a regulamentar (HARO, 1999?).

As atribuições do CM estão previstas em um amplo rol multifuncional, conforme o mandamento constitucional abaixo:

> Seção Terceira — Do Poder Judicial. Capítulo Primeiro. De sua Natureza y Duração.
>
> Artigo 114.- O *Consejo de la Magistratura*, regulado por uma lei especial sancionada pela maioria absoluta da totalidade dos membros de cada Câmara, terá a seu cargo a seleção dos magistrados e a administração do Poder Judicial.
>
> O *Consejo* será integrado periodicamente de modo que se procure o equilíbrio entre a representação dos órgãos políticos resultante da eleição popular, dos juízes de todas as instâncias e dos advogados da matrícula federal. Será integrado, também, por outras pessoas do âmbito acadêmico e científico, no número e segundo a forma que indique a lei.
>
> Serão suas atribuições:
>
> 1. Selecionar mediante concursos públicos os postulantes às magistraturas inferiores.
>
> 2. Emitir propostas em listas vinculantes, para a nomeação dos magistrados dos tribunais inferiores.
>
> 3. Administrar os recursos e executar o pressuposto que a lei assinala à administração da justiça.

4. Fazer uso de faculdades disciplinares sobre os magistrados.
5. Decidir sobre a abertura do procedimento de remoção de magistrados, em seu caso ordenando a suspensão, e formulando a acusação correspondente.
6. *Emitir os regulamentos relacionados com a organização judicial e todos aqueles que sejam necessários para assegurar a independência dos juízes e a eficaz prestação dos serviços da justiça.*[52] (grifos nossos)

É válido referendar que a competência disciplinar dos juízes dos tribunais inferiores subordina-se a um órgão chamado Conselho de Jurados da Argentina — *Jurado de Enjuiciamento de Magistrados de la Nación* — (artigo 115 da Constituição), composto por sete membros, conhecido como órgão de "controle externo do Poder Judiciário argentino", e não ao *Consejo de la Magistratura*. A esse último cabe apenas formular as reclamações perante o Conselho de Jurados, ao qual, por sua vez, compete receber — e conhecer — as reclamações contra referidos juízes, ao contrário do que ocorre no Brasil, onde o CNJ desfruta de referida competência, sem prejuízo da atribuição disciplinar e correcional dos tribunais.

A estrutura orgânica do CM, suas funções e seu funcionamento estão regulamentadas na *Ley 24.937 del Consejo de la Magistratura*, de 10 de dezembro de 1997, acolhendo várias reformas posteriores. Assim dispõe seu artigo 7º:

---

[52] "Sección Tercera – Del Poder Judicial. Capítulo Primero. De su Naturaleza y Duración.
Artículo 114.- El Consejo de la Magistratura, regulado por una ley especial sancionada por la mayoría absoluta de la totalidad de los miembros de cada Cámara, tendrá a su cargo la selección de los magistrados y la administración del Poder Judicial.
El Consejo será integrado periódicamente de modo que se procure el equilibrio entre la representación de los órganos políticos resultante de la elección popular, de los jueces de todas las instancias y de los abogados de la matrícula federal. Será integrado, asimismo, por otras personas del ámbito académico y científico, en el número y la forma que indique la ley.
Serán sus atribuciones:
1. Seleccionar mediante concursos públicos los postulantes a las magistraturas inferiores.
2. Emitir propuestas en ternas vinculantes, para el nombramiento de los magistrados de los tribunales inferiores.
3. Administrar los recursos y ejecutar el presupuesto que la ley asigne a la administración de justicia.
4. Ejercer facultades disciplinarias sobre magistrados.
5. Decidir la apertura del procedimiento de remoción de magistrados, en su caso ordenar la suspensión, y formular la acusación correspondiente.
6. Dictar los reglamentos relacionados con la organización judicial y todos aquellos que sean necesarios para asegurar la independencia de los jueces y la eficaz prestación de los servicios de justicia."

ARTIGO 7º – Atribuições do Plenário. O *Consejo de la Magistratura* reunido em sessão plenária, terá as seguintes atribuições:
1. Emitir seu regulamento geral.
2. Emitir os regulamentos que sejam necessários para exercer as faculdades que lhe atribuem a Constituição Nacional e essa lei, a fim de garantir uma eficaz prestação da administração da justiça (artigo substituído pelo artigo 3º da Lei nº 26.080/B.O. 27.02.2006).[53]

Destaque-se que citado dispositivo foi substituído quando da reforma do *Consejo de la Magistratura* ocorrida em 2006, mediante a promulgação de Lei nº 26.080. Notifique-se que a amplitude do poder regulamentar previsto legalmente era ainda mais larga e objeto de vários questionamentos, o que se corrobora pelo texto do artigo 7º (2), vigente antes da reforma de 2006:

> Emitir os regulamentos referentes à organização judicial e *os regulamentos complementares das leis processuais, assim como as disposições necessárias para a devida execução dessas leis* e toda normativa que assegure a independência dos juízes e a eficaz prestação da administração da justiça. (grifos nossos)

A reforma de 2006 tinha por objetivos primordiais a melhora do funcionamento do mencionado órgão, a redução do corporativismo vigente no Judiciário argentino e o aumento de peso do poder político do CM. Entretanto, o que significativamente ocorreu foi uma redução — tanto ao quanto formal — de seu poder regulamentar, bem como de seus integrantes, que passaram de 20 para 13 conselheiros, assim como na reforma do conselho italiano.

Entretanto, o número de parlamentares membros do CM — 6 no total de 13 integrantes — prossegue evidenciando uma orientação particular de referido órgão no sentido de manutenção dos seus vínculos com outras instituições governamentais, o que não se percebe com tanta intensidade em demais conselhos (DI FEDERICO, 1998).

Mesmo após a reforma, o exercício do poder regulamentar é considerado, juntamente com a integração do CM e a administração

---

[53] "ARTICULO 7º – Atribuciones del Plenario. El Consejo de la Magistratura reunido en sesión plenaria, tendrá las siguientes atribuciones:
1. Dictar su reglamento general.
2. Dictar los reglamentos que sean necesarios para ejercer las facultades que le atribuye la Constitución Nacional y esta ley a fin de garantizar una eficaz prestación de la administración de justicia" (artigo substituído pelo artigo 3 da Lei nº 26.080/B.O. 27.02.2006).

do Poder Judiciário, um dos tópicos mais complexos e conflitivos, fato que ocorre desde a implantação do conselho (HARO, 1995).

Formalmente, os regulamentos têm, por finalidade, a melhora da administração do Poder Judiciário, bem como o propósito de fortalecer sua independência, já consagrada na Argentina. No entanto, problema capital reside na invasão da seara de competência do Poder Legislativo, como vem ocorrendo no Brasil através das resoluções do CNJ.

Interessante debate estabeleceu-se quanto ao poder do *Consejo de la Magistratura* de editar resolução acerca do preenchimento das vagas disponíveis de juízes, mediante a designação de juízes "sub-rogantes", com caráter de sub-rogação ou transitoriedade, conforme previsto na Lei nº 25.876/2004.

Há posicionamentos da jurisprudência e da doutrina, ambos conflitivos. A favor da Resolução nº 76/2004, editada pelo CM, e invocando o artigo 114 (6), Punte (2005) declara que o objetivo primordial e irrenunciável da Constituição é ditar a justiça em condições adequadas, não podendo ser o mesmo perdido de vista em razão de pretextos de formalismos. No mesmo sentido, a seguinte decisão:

NULIDADE. Juízes subrogantes. Regulamento do *Consejo de la Magistratura*. Situações excepcionais. Inconstitucionalidade. Rejeição.

O regulamento que permite a secretários e advogados subrogar funções judiciais sem acordo do senado não desrespeita a Constituição Nacional, porquanto no ordenamento jurídico existem dois modos diferentes de designar magistrados. Um, para o magistrado definitivo, que goza de inamovibilidade e somente pode ser destituído por juízo político e o outro, o sistema que serve para designar um profissional que transitoriamente assuma a função judicial, pelo qual se nomeiam juízes transitórios que não gozam de inamovibilidade alguma e podem ser removidos pelo mesmo mecanismo que os colocou no cargo. O sentido dessas circunstâncias é de garantir o acesso à justiça em circunstâncias excepcionais, nas quais o juízo se encontra vago, temporária ou permanentemente. É na primeira hipótese que se enquadra a designação dos "juízes em comissão" que permite o art. 99, inc. 19 da C.N. Deve considerar-se que a designação de juízes subrogantes é feita pelo *Consejo de la Magistratura*, que tem como mandamento constitucional: "Emitir os regulamentos relacionados com a organização judicial e todos aqueles que sejam necessários para assegurar a independência dos juízes e a eficaz prestação dos serviços da justiça" (art. 114 inc. 6 de la C.N.). No marco dessa faculdade regulamentar e, conforme a lei n. 24.937 do *Consejo de la Magistratura*, reformada pela n. 25.876, o *Consejo* elaborou o Regulamento para as subrogações que permite a advogados e secretários exercer temporariamente a função judicial. *Trata-se de um modo legítimo de resolver um problema e de garantir a efetiva prestação do serviço da justiça e a garantia de acesso à jurisdição consagrada no art. 18 da C.N., com fundamento no objetivo expressado no Preâmbulo de "assegurar justiça". Por isso, e porque o controle judicial de constitucionalidade não pode ignorar as transformações históricas e sociais, deve rejeitar-se a nulidade levantada pela defesa.*[54] (del voto del Dr. Bunge Campos al cual se adhirieron los Dres. Escobar y Gerome). (ARGENTINA, Recurso de Cámara de Apelaciones en lo Criminal y Correcional – Sala VI nº 26.435, 25/02/2005, grifos nossos)

Em sentido contrário, Badeni — citado por Punte (2005) — inclinou-se pela inconstitucionalidade da Lei nº 25.876, que outorgou ao conselho a faculdade de nomeação com caráter de sub-rogação.

A Corte Suprema de Justiça, a seu turno, oscila quanto aos aspectos da constitucionalidade da Resolução nº 76/2004, como se depreende nas duas decisões a seguir transcritas:

Juízes subrogantes. Constituição nacional. *Consejo de la magistratura del poder judicial de la nación.* Tanto a lei n. 25.876 quanto o regulamento de subrogações ditado em seu cumprimento pelo *Consejo de la Magistratura, perseguem um fim permitido, e na realidade previsto pela Constituição Nacional, pelo que deve descartar-se uma contradição literal com essa última* (Dissidência dos Drs. E. Raúl Zaffaroni y Carmen M. Argibay)

---

[54] "NULIDAD. Jueces subrogantes. Reglamento del Consejo de la Magistratura. Situaciones excepcionales. Inconstitucionalidad. Rechazo.
El reglamento que permite a Secretarios y abogados subrogar funciones judiciales sin acuerdo del senado no repugna a la Constitución Nacional, en tanto en el ordenamiento jurídico existen dos modos diferentes de designar magistrados. Uno, para el magistrado definitivo, que goza de inamovilidad y sólo puede ser destituido por juicio político y el otro, el sistema que sirve para designar un profesional que transitoriamente asuma la función judicial, en el que se nombran jueces transitorios que no gozan de inamovilidad alguna y pueden ser removidos por el mismo mecanismo que los puso a cargo. El sentido de estas circunstancias es el de garantizar el acceso a la justicia en circunstancias excepcionales, en las que el juzgado se encuentra vacante, temporal o permanentemente. Es en el primer supuesto en el que encuadra la designación de los 'jueces en comisión' que permite el art. 99, inc. 19 de la C.N. Debe considerarse que la designación de jueces subrogantes la realiza el Consejo de la Magistratura, que tiene como mandato constitucional: 'Dictar los reglamentos relacionados con la organización judicial y todos aquellos que sean necesarios para asegurar la independencia de los jueces y la eficaz prestación de los servicios de justicia' (art. 114 inc. 6 de la C.N.). En el marco de esta facultad reglamentaria y, conforme la ley 24.937 de Consejo de la Magistratura reformada por la 25.876, el Consejo elaboró el Reglamento para las Subrogaciones que permite a abogados y Secretarios ejercer temporalmente la función judicial. Se trata de un modo legítimo de resolver un problema y de garantizar la efectiva prestación del servicio de justicia y la garantía de acceso a la jurisdicción consagrada en el art. 18 de la C.N., con fundamento en el objetivo expresado en el Preámbulo de 'afianzar justicia'. Por ello, y toda vez que el control judicial de constitucionalidad no puede desatenderse de las transformaciones históricas y sociales (*), debe rechazarse el planteo de nulidad presentado por la defensa (del voto del Dr. Bunge Campos al cual se adhirieron los Dres. Escobar y Gerome)" (ARGENTINA, Recurso de Cámara de Apelaciones en lo Criminal y Correcional – Sala VI nº 26.435 del 09 de Junio de 1948).

Maioria: Lorenzetti, Highton de Nolasco, Maqueda
Voto: Fayt
Dissidência: Zaffaroni, Argibay
Abstenção: Petracchi[55]
(ARGENTINA, Corte Suprema de Justicia, R. 1309. XLII; REX. Rosza, Carlos Alberto y otro s/recurso de casación, 23/05/2007. T. 330, P. 2361, grifos nossos)

CONSTITUIÇÃO NACIONAL: Constitucionalidade e inconstitucionalidade. Resoluções administrativas nacionais. *CONSEJO DE LA MAGISTRATURA DEL PODER JUDICIAL DE LA NACIÓN.* JUÍZES SUBROGANTES. O Regime de Subrogações aprovado pela Resolução nº 76/2004 do *Consejo de la Magistratura*, na medida em que não se adapta aos parâmetros constitucionais, em particular, *enquanto autoriza um método de nomeção circunscrito à intervenção exclusiva de organismos que operam no âmbito do Poder Judicial* (tribunais orais, câmaras nacionais de apelações ou câmaras federais e, para algumas hipóteses, Comissão de Seleção de Magistrados y Escola Judicial do *Consejo de la Magistratura*), é *inconstitucional*. –Do precedente "Rosza", ao qual remeteu a Corte Suprema. Os juízes Zaffaroni e Argibay remetem a sua dissidência à causa mencionada–.

Maioria: Lorenzetti, Highton de Nolasco, Fayt, Maqueda, Zaffaroni, Argibay

Abstenção: Petracchi (ARGENTINA, Corte Suprema de Justicia, Cherquis, Ernesto s/recurso de casación e inconstitucionalidad, 23/05/2007, T. 330, P. 2414, grifos nossos)[56]

---

[55] "JUECES SUBROGANTES. CONSTITUCION NACIONAL. CONSEJO DE LA MAGISTRATURA DEL PODER JUDICIAL DE LA NACIÓN. Tanto la ley 25.876 como el reglamento de subrogaciones dictado en su cumplimiento por el Consejo de la Magistratura, persiguen un fin permitido, y en realidad presupuesto por la Constitución Nacional, por lo que debe descartarse una contradicción literal con esta última (Disidencia de los Dres. E. Raúl Zaffaroni y Carmen M. Argibay). Mayoria: Lorenzetti, Highton de Nolasco, Maqueda
Voto: Fayt
Disidencia: Zaffaroni, Argibay
Abstencion: Petracchi."

[56] "CONSTITUCIÓN NACIONAL: Constitucionalidad y inconstitucionalidad. Resoluciones administrativas nacionales. CONSEJO DE LA MAGISTRATURA DEL PODER JUDICIAL DE LA NACIÓN. JUECES SUBROGANTES. El Régimen de Subrogaciones aprobado por la resolución 76/2004 del Consejo de la Magistratura, en la medida en que no se adecua a los parámetros constitucionales, en particular, en cuanto autoriza un método de nombramiento circunscripto a la intervención exclusiva de organismos que operan en el ámbito del Poder Judicial (tribunales orales, cámaras nacionales de apelaciones o cámaras federales y, para algunos supuestos, Comisión de Selección de Magistrados y Escuela Judicial del Consejo de la Magistratura), es inconstitucional. –Del precedente "Rosza", al cual remitió la Corte Suprema. Los jueces Zaffaroni y Argibay remiten a su disidencia en la causa mencionada-.
Mayoria: Lorenzetti, Highton de Nolasco, Fayt, Maqueda, Zaffaroni, Argibay
Abstencion: Petracchi" (ARGENTINA, Corte Suprema de Justiça, Cherquis, Ernesto s/ recurso de casación e inconstitucionalidad, 23/05/2007, T. 330, P. 2414).

Note-se, entretanto, que a primeira decisão da Corte, explicita e admite o poder regulamentar do conselho argentino no caso em tela, vez que em acordo com os fins previstos na Constituição. Ela só permite ressalvas, consoante a segunda decisão, quanto ao seu conteúdo — qual seja, em relação ao método de nomeação exclusivo ao Judiciário, por ela previsto. Resta consagrada, portanto, a notável margem de poder dos regulamentos do conselho argentino.

Providencial a solução apresentada por Haro (1995), para o problema de amplos alcances do mencionado poder regulamentar, ao sugerir que se adotassem os mecanismos de consultas semelhantes às ocorridas em Conferências Judiciais, a fim de que — amenizando a situação — se buscasse uma adequada participação judicial e, idem, profissional. Tal ponto merece uma reflexão, com vistas à possível aplicação no Brasil.

Conclusão

> As coisas modificaram-se, porém, de todo: a partir do momento em que o poder estadual deriva, todo ele, de uma mesma e unitária fonte democrática, afirmar competências implícitas de um órgão sem previsão constitucional, não pode deixar de ter um sabor apócrifo.
> (MONCADA, 2002, p. 563)

É inegável o importante papel assumido pelo Conselho Nacional de Justiça, desde a sua criação, no Brasil. Apreende-se o aprimoramento do Judiciário brasileiro mediante relevantes iniciativas desse órgão. Modernização da máquina judicial, campanhas de efetivação de políticas públicas do Judiciário, busca da pacificação social por meio do incentivo à conciliação, implantação de tabelas processuais unificadas, coleta e sistematização de dados estatísticos que desnudam o desempenho dos tribunais constituem, enfim, medidas que, dentre outras muitas, merecem deferência.

Entretanto, a dilatada postura assumida pelo Conselho Nacional de Justiça quanto ao seu poder regulamentar, reafirmada pelos Ministros do Supremo Tribunal Federal, deve ser arrostada com certa cautela, vez que

> revela uma posição centralizadora em que a reforma do sistema de justiça do país nasce da força indutora do Conselho e do STF. A velocidade e o potencial transformador esconde, entretanto, o risco de uma maior hierarquização no já profundamente hierarquizado Judiciário brasileiro, além de abrigar uma semente autoritária que dependerá sobremaneira das posições do STF e do quadro de conselheiros para prosperar.
> (FEITOSA, 2008, p. 61)

Urge retomar-se a força do processo legislativo, o qual se encontra sobejamente enfraquecido no estágio atual da democracia brasileira, acometida, na verdade, pela "crise de legitimidade, representatividade e funcionalidade do Poder Legislativo" (BARROSO, 2008, p. 29). Não se concebe permanecer inerte face ao poder regulamentar abusivo, exercido pelo Conselho Nacional de Justiça. A reserva de lei e a impossibilidade de ingerência nos direitos e garantias fundamentais dos cidadãos — pilares do Estado Democrático de Direito — arrogam barreiras intransponíveis que não podem ser desrespeitadas pelo órgão de controle do Judiciário.

As alterações pertinentes à legalidade formal, agregada pelo princípio da juridicidade, a reunir um bloco mais amplo encimado pelos mandamentos constitucionais, viabilizam, sem sombra de dúvida, acesso direto do administrador público à Constituição. É o que nos reza a moderna dogmática constitucional de eficácia dos princípios previstos na Constituição.

Mas é inadmissível que uma subversão da juridicidade afaste a legalidade, de modo a favorecer um comprometimento do sistema de fontes normativas, no Brasil. Usurpando as competências do Poder Legislativo, ao inovar no ordenamento nacional, indevidamente extraindo de princípios abertos, vedações não previstas em lei ou reconhecidas pela jurisprudência (SAMPAIO, 2007), o CNJ fragiliza o ordenamento brasileiro.

A tese dos poderes instrumentais, implícitos, não pode servir a tanto. Como adverte Moncada (2002), a disciplina do poder é toda constitucional e não extraconstitucional, pelo que não se fundamenta uma competência implícita para além do que o texto constitucional diz.

O CNJ não possui poder regulamentar autônomo, vez que só é admissível em nosso ordenamento, na hipótese taxativa do artigo 84, VI, da CR/88, o que inviabiliza e torna inconstitucional a concretização normativa primária de mandamentos constitucionais, mediante resoluções.

Os robustos espaços de atuação do Poder Legislativo não se podem confundir com os do juiz, muito menos com os do administrador, que se encontra ainda mais cerceado pelas determinações legais.

O estudo de Direito Comparado atesta que o poder regulamentar de conselhos da magistratura revela-se sempre um tópico complexo, a exigir claras delimitações quanto à sua seara de aplicação. Na Espanha, na Itália e na Argentina, não obstante a variação de amplitude da atividade normativa dos conselhos em cada contexto, vislumbram-se focos de tensão quanto à mesma.

Convém, em suma, refletir sobre a inclusão de um rol taxativo de matérias passíveis de regulamentação pelo CNJ no Estatuto da Magistratura, lei complementar de iniciativa do Supremo Tribunal Federal (art. 93, *caput*, CR/88), tendo como paradigma o que foi adotado pelo legislador espanhol, após tantas controvérsias. Deve-se buscar um equilíbrio quanto ao poder regulamentar do CNJ, não tão irrelevante, quanto ele o é, na França e em Portugal, mas que também não seja tão vasto, do modo que se desenvolve no conselho argentino.

Os dispositivos da Lei Orgânica do Poder Judicial da Espanha, tais quais as decisões do Tribunal Constitucional espanhol, são relevantes para o Conselho Nacional de Justiça, respeitadas as peculiaridades de cada ordenamento. O legislador espanhol, ao fazer adequado uso de suas prerrogativas, limitou o alcance dos regulamentos do *Consejo General del Poder Judicial*, não obstante tê-lo feito a modo de *numerus apertus* (SAGGESE, 2003).

Como salientam Clève, Streck e Sarlet (2005):

> Muito mais do que uma mera e egoística disputa por prerrogativas — como habitualmente acabam sendo qualificadas, em *terrae brasilis*, tentativas legítimas e democráticas de impugnação de uma série de medidas e reformas — está em causa, aqui, a defesa enfática e necessária dos elementos essenciais do nosso Estado Democrático de Direito, que, por certo, não há de ser um Estado governado por atos regulamentares, decretos e resoluções.

A *praxis*, aliada ao conteúdo da Constituição, consiste em um pressuposto de desenvolvimento em alto nível da força normativa constitucional, valendo aqui recordar que a vontade normativa da Lei Maior advém de três origens diversas:

> Baseia-se na compreensão da necessidade e do valor de uma ordem normativa inquebrantável, que proteja o Estado contra o arbítrio desmedido e disforme. Reside, igualmente, na compreensão de que essa ordem constituída é mais do que uma ordem legitimada pelos fatos (e que, por isso, necessita de estar em constante processo de legitimação). Assenta-se também na consciência de que, ao contrário do que se dá com uma lei do pensamento, essa ordem não logra ser eficaz sem o concurso da vontade humana. (HESSE, 1991, p. 19-20)

Espera-se, principalmente, que o Conselho Nacional de Justiça e o Supremo Tribunal Federal — enquanto integrantes do Poder Judiciário — atuem de modo a fortemente cimentar os pilares constitucionais, partilhando da "vontade de Constituição" preconizada por Hesse (1991). Somente assim, a efetiva proteção do Estado Democrático de Direito contra investidas de índole autoritária tornar-se-á severa e humanamente consolidada como se deseja.

REFERÊNCIAS

ALFANO: riforma giustizia pronta entro finne anno. *AGI – Agenzia Itália*, Roma, 25 set. 2008. Disponível em: <http://www.agi.it/politica/notizie/200809250935-pol-rt11016-art.html>. Acesso em: 26 nov. 2008.

ALMEIDA FILHO, Agassiz. *Fundamentos do direito constitucional*. Rio de Janeiro: Forense, 2007.

ALMEIDA, Fernando Dias Menezes de. Teoria da regulação. *In*: CARDOZO, José Eduardo Martins; QUEIROZ, João Eduardo Lopes; SANTOS, Márcia Walquíria Batista dos et al. (Org.). *Curso de direito administrativo econômico*. São Paulo: Malheiros, 2006. v. 3.

ANDREATO, Danilo. A ilegitimidade do CNJ para regulamentar a atividade jurídica e outras críticas. *Revista Jurídica Consulex*, Brasília, ano X, n. 224, p. 56-60, 15 maio 2006.

ARAGÃO, Alexandre Santos de. Legalidade e regulamentos administrativos no direito contemporâneo: uma análise doutrinária e jurisprudencial. *Revista de Direito Constitucional e Internacional*, São Paulo, ano 10, n. 41, p. 284-309, out./dez. 2002.

ARGENTINA. Constituição (1994). *Constitución da la Nación Argentina*. Disponível em: <http://www.argentina.gov.ar/argentina/portal/documentos/constitucion_nacional.pdf>. Acesso em: 20 dez. 2008.

ARGENTINA. Corte Suprema de Justiça, Cherquis, Ernesto s/recurso de casación e inconstitucionalidad, 23/05/2007, T. 330, P. 2414. Disponível em: <http://www.csjn.gov.ar/documentos/cfal3/cons_fallos.jsp>. Acesso em: 20 dez. 2008.

ARGENTINA. Corte Suprema de Justiça, R. 1309. XLII; REX Rosza, Carlos Alberto y otro s/recurso de casación, 23/05/2007, T. 330, P. 2361. Disponível em: <http://www.csjn.gov.ar/documentos/cfal3/cons_fallos.jsp>. Acesso em: 20 dez. 2008.

ARGENTINA. *Ley 24.937, del Consejo de la Magistratura, de 10 de dezembro de 1997*. Disponível em: <http://www1.hcdn.gov.ar/dependencias/dip/textos%20actualizados/24937.19.6.08.pdf>. Acesso em: 21 dez. 2008.

ARGENTINA. Recurso de Cámara de Apelaciones en lo Criminal y Correcional – Sala VI, nº 26.435, 25/02/2005. Disponível em: <http://ar.vlex.com/vid/35220112>. Acesso em: 15 dez. 2008.

BANDEIRA, Regina Maria Groba. *Propostas de emenda à Constituição sobre o tema reforma do Judiciário em tramitação na Câmara dos Deputados*. Câmara dos Deputados, Brasília, jul. 2003. Disponível em: <http://apache.camara.gov.br/portal/arquivos/Camara/internet/publicacoes/estnottec/pdf/30956400-137.pdf>. Acesso em: 09 jan. 2009.

BARACHO JÚNIOR, José Alfredo de Oliveira. A jurisdição constitucional nos Estados Unidos, na Alemanha e no Brasil. In: SAMPAIO, José Adércio Leite (Coord.). Constituição e crise política. Belo Horizonte: Del Rey, 2006.

BARACHO, José Alfredo de Oliveira. Teoria geral da cidadania: a plenitude da cidadania e as garantias constitucionais e processuais. São Paulo: Saraiva, 1995.

BARAT, Josef. Nepotismo, ambiente institucional e mercado. Revista Jurídica Consulex, Brasília, ano XII, n. 280, p. 32-33, 15 set. 2008.

BARROSO, Luís Roberto. Constitucionalidade e legitimidade da criação do Conselho Nacional de Justiça. Interesse Público, v. 6, n. 30, p. 13-38, mar./abr. 2005.

BARROSO, Luís Roberto. Princípios, e não política!. Revista Jurídica Consulex, Brasília, ano XII, n. 287, p. 29, 31 dez. 2008.

BARTOLE, Sergio. Alternative Models of Judicial Independence. Organizing the Judiciary in Central and Eastern Europe. East European Constitucional Review, New York, New York University School of Law, v. 7, n. 1, 1998. Disponível em: <http://www3.law.nyu.edu/eecr/vol7num1/special/organizing.html>. Acesso em: 22 May, 2007.

BERTI, Giorgio. Manuale di interpretazione costituzionale. 3ª ed. Padova: Cedam, 1994.

BEZERRA, Rodrigo José Rodrigues. A prática do nepotismo e a atuação do STF como legislador positivo. Revista Jurídica Consulex, Brasília, ano XII, n. 280, p. 34-35, 15 set. 2008.

BIELSA, Rafael. Derecho administrativo. Buenos Aires: El Ateneo, 1947. t. I.

BINENBOJM, Gustavo. Uma teoria do direito administrativo: direitos fundamentais, democracia e constitucionalização. Rio de Janeiro: Renovar, 2006.

BRASIL, Conselho Nacional de Justiça. Pedido de Providências, n. 2008.10.00.001741-8. Rel. Conselheiro Altino Pedrozo dos Santos, 2008. Disponível em: <https://ecnj.cnj.jus.br/consulta_processo.php?num_processo_consulta=200810000017418&consulta=s&token=>. Acesso em: 10 abr. 2009.

BRASIL, Supremo Tribunal Federal. Ação direta de inconstitucionalidade, n. 3854-1/DF, Rel. Ministro Cezar Peluso, DJ, 29 jun. 2007, 00022. Disponível em: <http://www.stf.jus.br/portal/jurisprudencia/listarJurisprudencia.asp?s1=(ADI$.SCLA.%20E%203854.NUME.)%20OU%20(ADI.ACMS.%20ADJ2%203854.ACMS.)&base=baseAcordaos>. Acesso em: 14 nov. 2008.

BRASIL, Supremo Tribunal Federal. Ação direta de inconstitucionalidade, n. 4145/DF. Rel. Ministro Cezar Peluso, 2008. Disponível em: <http://www.stf.gov.br/portal/processo/verProcessoAndamento.asp>. Acesso em: 23 set. 2008.

BRASIL. Constituição (1988). Constituição da República Federativa do Brasil. Brasília: Senado, 1988.

BRASIL. Supremo Tribunal Federal. Ação declaratória de constitucionalidade, n. 12-6/DF. Rel. Ministro Carlos Ayres Britto, 2006. Disponível em: <http://www.stf.gov.br/portal/processo/verProcessoAndamento.asp>. Acesso em: 20 ago. 2008.

BRASIL. Supremo Tribunal Federal. Ação direta de inconstitucionalidade, n. 3367-1. Rel. Ministro Cezar Peluso, 2004. Disponível em: <http://www.stf.gov.br/Jurisprudencia/Peticao/Frame.asp?classe=ADI&processo=3367&remonta=2&primeira=1 &ct=46>. Acesso em: 08 out. 2006.

BRASIL. Supremo Tribunal Federal. Ação direta de inconstitucionalidade, n. 3460/DF. Rel. Ministro Carlos Britto, 2006. Disponível em: <http://www.stf.jus.br/portal/jurisprudencia/listarConsolidada.asp?classe=ADI&numero=3460&origem=AP>. Acesso em: 05 nov. 2008.

BRASIL. Supremo Tribunal Federal. *Bicentenário do Judiciário Independente no Brasil*. Disponível em: <http://www.stf.gov.br/bicentenario/apresentacao/apresentacao.asp>. Acesso em: 11 jun. 2007.

BRASIL. Supremo Tribunal Federal. Mandado de segurança, n. 26056/DF. Rel. Min. Eros Grau, 2006, *DJ*, 09 out. 2006. Disponível em: <http://www.stf.jus.br/portal/diarioJustica/listarDiarioJustica.asp?tipoPesquisaDJ=AP&numero=26056&classe=MS>. Acesso em: 10 nov. 2008.

BRÍGIDO, Carolina. Servidor da Justiça poderá ganhar além do teto. *O Globo*, Rio de Janeiro, 07 jan. 2009. O País, p. 8.

BRITTO, Carlos Ayres. *Teoria da Constituição*. Rio de Janeiro: Forense, 2006.

CAETANO, Marcello. *Princípios fundamentais do direito administrativo*. Reimpressão da edição brasileira de 1977. 2. reimpressão portuguesa. Coimbra: Almedina, 2003.

CAMARGO, Maria Auxiliadora Castro e. Reforma do Judiciário: Tribunal Constitucional e Conselho Nacional de Justiça: controles externos ou internos?. *Revista de Informação Legislativa*, Brasília, ano 41, n. 164, p. 367-382, out./dez. 2004.

CANOTILHO, J.J. Gomes. *Direito constitucional e teoria da Constituição*. 7. ed. Coimbra: Almedina, 2003.

CARVALHO, Ernani. O controle externo do Poder Judiciário: o Brasil e as experiências dos Conselhos de Justiça na Europa do Sul. *Revista de Informação Legislativa*, Brasília, ano 43, n. 170, abr./jun. 2006. Disponível em: <http://www.senado.gov.br/web/cegraf/ril/Pdf/pdf_170/R170-07.pdf>. Acesso em: 08 dez. 2008.

CARVALHO, Raquel Melo Urbano de. *Curso de direito administrativo*: parte geral, intervenção do Estado e estrutura da administração. Salvador: JusPodivm, 2008.

CERCA de 12 mil telefones são monitorados com autorização judicial. *Agência CNJ Notícias*, terça, 18 nov. 2008. Disponível em: <http://www.cnj.jus.br/index.php?option=com_content&task=view&id=5539&Itemid=42>. Acesso em: 19 nov. 2008.

CLÈVE, Clèmerson Merlin. *A atividade legislativa do Poder Executivo*. 2. ed. São Paulo: Revista dos Tribunais, 2000.

CLÈVE, Clèmerson Merlin; STRECK, Lênio Luiz; SARLET, Ingo Wolfgang. Os limites constitucionais das resoluções do Conselho Nacional de Justiça (CNJ) e Conselho Nacional do Ministério Público (CNMP). *Jus Navigandi*, Teresina, ano 10, n. 888, 8 dez. 2005. Disponível em: <http://jus2.uol.com.br/doutrina/texto.asp?id=7694>. Acesso em: 12 abr. 2007.

CONSEIL SUPÉRIEUR DE LA MAGISTRATURE (França). Disponível em: <http://www.conseil-superieur-magistrature.fr/>. Acesso em: 12 out. 2008.

CONSEJO DE LA MAGISTRATURA (Argentina). Disponível em: <http://www.pjn.gov.ar/>. Acesso em: 15 ago. 2008.

CONSEJO GENERAL DEL PODER JUDICIAL (Espanha). Disponível em: <http://www.poderjudicial.es/eversuite/GetRecords?Template=default>. Acesso em: 20 out. 2008.

CONSELHO NACIONAL DE JUSTIÇA (Brasil). *Atos do Conselho Nacional de Justiça*. Disponível em: <http://www.cnj.jus.br/index.php?option=com_content&task=view&id=35&Itemid=88>. Acesso em: 11 nov. 2007.

CONSELHO NACIONAL DE JUSTIÇA (Brasil). *Regimento Interno do Conselho Nacional de Justiça*. Disponível em: <http://www.cnj.gov.br/pages/anonimo/regimento.htm>. Acesso em: 18 fev. 2007.

CONSELHO SUPERIOR DA MAGISTRATURA (Portugal). Disponível em: <http://www.conselhosuperiordamagistratura.pt/index.php?lg=1>. Acesso em: 20 ago. 2008.

CONSIGLIO SUPERIORE DELLA MAGISTRATURA (Itália). Disponível em: <http://www.csm.it/>. Acesso em: 10 nov. 2008.

CONSIGLIO Superiore della Magistratura. *Wikipedia, l'enciclopedia libera*. Disponível em: <http://it.wikipedia.org/wiki/Consiglio_Superiore_della_Magistratura>. Acesso em: 18 nov. 2008.

CORREIA, Arícia Fernandes. Reserva de administração e separação de poderes. In: BARROSO, Luís Roberto (Org.). *A reconstrução democrática do direito público no Brasil*: livro comemorativo dos 25 anos de magistério do professor Luís Roberto Barroso. Rio de Janeiro: Renovar, 2007.

CSM, una storia attuale. *Politicadomani*, Italia, num. 72/73, set./ott. 2007. Disponível em: <http://www.politicadomani.it/index.html?main=Pagine/Giornale/Num72-73/CSM%20storia%20attuale.htm>. Acesso em: 17 nov. 2008.

CYRINO, André Rodrigues. *O poder regulamentar autônomo do Presidente da República*: a espécie regulamentar criada pela EC nº 32/2001. Belo Horizonte: Fórum, 2005.

DELGADO MARTÍN, Joaquín. *El Consejo General del Poder Judicial en 27 preguntas*. Consejo General del Poder Judicial, 2007. Disponível em: <http://www.poderjudicial.es/eversuite/GetRecords?Template=cgpj/cgpj/principal.htm>. Acesso em: 09 out. 08.

DI FEDERICO, Giuseppe. The Consejo de la Magistratura: Selected Features in a Comparative Persperctive. *In*: JORNADAS INTERNACIONALES SOBRE EL CONSEJO DE LA MAGISTRATURA, Buenos Aires, 1998.

DI PIETRO, Maria Sylvia Zanella. *Direito administrativo*. 5. ed. São Paulo: Atlas, 1995.

DIAS, João Paulo. Responsabilidade e transparência democrática: o papel dos Conselhos Superiores da Magistratura e do Ministério Público na reinvenção da prática judicial. *In*: CONGRESSO PORTUGUÊS DE SOCIOLOGIA, 4., abr. 2000, Faculdade de Economia de Coimbra. *Actas do IV Congresso Português de Sociologia*, Coimbra, 2000. Disponível em: <http://www.estig.ipbeja.pt/~ac_direito/sociedaderevistasest.html>. Acesso em: 1º abr. 2007.

EMILIANI, Flaminia. Csm, è scontro sulla riforma. *Rinascita*, Italia, 18 nov. 2008. Disponível em: <http://www.rinascita.info/cc/RQ_Politica/EkkZppklAldYcdbQZv.shtml>. Acesso em: 26 nov. 2008.

ENTRENA CUESTA, Rafael. *Curso de derecho administrativo*. 13. ed. Barcelona: Tecnos, 1999. v. 1.

ESPANHA. Constituição (1978) *Constitución Española*. Disponível em: <http://www.senado.es/constitu/index.html>. Acesso em: 22 out. 2008.

ESPANHA. *Lei Orgânica 6/1985, de 1 de julho, do Poder Judiciário*. Disponível em: <http://noticias.juridicas.com/base_datos/Admin/lo6-1985.html>. Acesso em: 18 out. 2008.

ESPANHA. Tribunal Constitucional. STC n. 108/1986, de 29 de julho. Disponível em: <http://www.boe.es/g/es/bases_datos/tc.php>. Acesso em: 20 out. 2008.

ESPANHA. Tribunal Constitucional. STC n. 253/2005, de 10 de outubro. Disponível em: <http://www.boe.es/g/es/bases_datos/tc.php>. Acesso em: 20 out. 2008.

ESPANHA. Tribunal Supremo. STS (Sala 3ª Secc. 7ª) de 7 de fevereiro de 2000, Relator: D. Ramon Trillo Torres, recurso contencioso-administrativo n. 526/1997. Disponível em: <http://www.poderjudicial.es/jurisprudencia/pdf/28079130072000100150.pdf?formato=pdf&K2DocKey=E:\SENTENCIAS\20030906\28079130072000100150.xml@sent_TS&query=%28consejo+general+del+poder+judicial%29%3CAND%3E%28%3CYESNO%3E%28526%2F1997%3CIN%3Enumero_recurso%29%29>. Acesso em: 12 jan. 2009.

FALCÃO, Joaquim. Uma nova lei orgânica da magistratura nacional. *Revista Jurídica Consulex*, Brasília, ano XII, n. 287, p. 40-41, 31 dez. 2008.

FARIA, Edimur Ferreira de. *Curso de direito administrativo positivo*. 6. ed. Belo Horizonte: Del Rey, 2007.

FEITOSA, Gustavo Raposo Pereira. O Supremo Tribunal Federal e a Construção do Conselho Nacional de Justiça. *Revista Diálogo Jurídico*, Fortaleza, ano III, n. 6, p. 45-61, out. 2007.

FERRAZ, Sergio. 3 estudos de direito: desapropriação de bens públicos; o prejulgado trabalhista em face da Constituição: regulamento. *Revista dos Tribunais*, São Paulo, p. 105, 1977.

FERREIRA FILHO, Manoel Gonçalves. *O poder constituinte*. São Paulo: Saraiva, 1985.

FIUZA, Ricardo Arnaldo Malheiros. *Direito constitucional comparado*. 4. ed. rev. atual. ampl. Belo Horizonte: Del Rey, 2004.

FIUZA, Ricardo Arnaldo Malheiros. Um conselho inconstitucional. *Estado de Minas*, Belo Horizonte, 4 jan. 2005. Caderno A, Opinião, p. 7.

FIUZA, Ricardo Arnaldo Malheiros. Um controle inconstitucional. *Diário da Tarde*, Belo Horizonte, 2 abr. 2004. Caderno A, p. 2.

FRANÇA, Júnia Lessa. *Manual para normalização de publicações técnico-científicas*. Colaboração de Ana Cristina de Vasconcellos, Stella Maris Borges, Maria Helena de Andrade Magalhães. 4. ed. Belo Horizonte: Ed. UFMG, 1998.

FRANÇA. (1994). Decreto n. 94-199, de 9 de março de 1994, relativo ao Conseil Supérieur de la Magistrature. Disponível em: <http://www.legifrance.gouv.fr/affichTexte.do?cidTexte=JORFTEXT000000546845&fastPos=22&fastReqId=10 68789427&categorieLien=id&oldAction=rechTexte>. Acesso em: 20 jan. 2009.

FRANÇA. Constituição (1958). *La Constitucion de La France*. Disponível em: <http://www.conseil-constitutionnel.fr/conseil-constitutionnel/francais/laconstitution/la-constitution-du-4-octobre-1958/texte-integral-de-la-constitution-de-1958.5074.html>. Acesso em: 10 jan. 2009.

FREITAS, Vladimir Passos de. História da justiça no Brasil: corregedoria, aspectos históricos: controle disciplinar da magistratura: reforma constitucional e conselho nacional da magistratura. *In*: FREITAS, Vladimir de Passos (Coord.). *Corregedorias do Poder Judiciário*. São Paulo: Revista dos Tribunais, 2003.

GARCÍA DE ENTERRÍA, Eduardo; FERNÁNDEZ, Tómas-Ramón. *Curso de derecho administrativo*. 8. ed. Madrid: Civitas, 1998.

GASPARINI, Diogenes. *Direito administrativo*. 12. ed. São Paulo: Saraiva, 2007.

GENOINO NETO, José. *O controle externo do Poder Judiciário e a questão democrática*. Disponível em: <http://www.mt.trf1.gov.br/judice/jud3/art6.html>. Acesso em: 03 dez. 2008.

GODOY, Arnaldo Sampaio de Moraes. O direito constitucional francês. *Jus Navigandi*, Teresina, ano 12, n. 1656, 13 jan. 2008. Disponível em: <http://jus2.uol.com.br/doutrina/texto.asp?id=10851>. Acesso em: 1º dez. 2008.

GORDILLO, Agustín. *Tratado de derecho administrativo*. 9. ed. Buenos Aires: FDA, 2007. (El acto administrativo, t. III). Disponível em: <http://www.gordillo.com/Tomo3.htm>. Acesso em: 18 ago. 2008.

GRAU, Eros Roberto. *O direito posto e o direito pressuposto*. 4. ed. São Paulo: Malheiros, 2002.

GUSTIN, Miracy B. S.; DIAS, Maria Tereza Fonseca. *(Re)pensando a pesquisa jurídica*. 2. ed. Belo Horizonte: Del Rey, 2006.

HAMMERGREN, Lin. Do judicial councils further judicial reform? Lessons from Latin America. *Carnegie Endowment for International Peace*, Rule of Law Series, Washington, n. 28, 2002.

HARO, Ricardo. *El per saltum en la justicia federal argentina*. Academia Nacional de Derecho y Ciencias Sociales de Córdoba, República Argentina [1999?]. Disponível em: <http://www.acader.unc.edu.ar>. Acesso em: 08 jan. 2009.

HARO, Ricardo. El poder judicial en la reforma constitucional argentina: el Consejo de la Magistratura. *In*: ENCUENTRO HISPANO-ARGENTINO SOBRE LA REFORMA DE 1994 DE LA CONSTITUCIÓN ARGENTINA, 2., 1995, Madrid. Disponível em: <http://www.acaderc.org.ar/doctrina/articulos/artpoderjudicial>. Acesso em: 11 dez. 2008.

HESSE, Konrad. *A força normativa da Constituição*. Tradução de Gilmar Ferreira Mendes. Porto Alegre: Sergio Antonio Fabris, 1991.

HORTA. Raul Machado. *Direito constitucional*. 2. ed. Belo Horizonte: Del Rey, 1999.

ITÁLIA. Constituição (1947). *La Costituzione della Repubblica Italiana*. Disponível em: <http://www.quirinale.it/costituzione/costituzione.htm>. Acesso em: 10 nov. 2008.

ITÁLIA. *Legge 24 marzo 1958, n. 195*. Norme sulla Costituzione e sul funzionamento del Consiglio Superiore della Magistratura. Disponível em: <http://www.associazionedeicostituzionalisti.it/materiali/atti_normativi/XIII/pdf/l1958_00195.pdf>. Acesso em: 15 nov. 2008.

JUSTEN FILHO, Marçal. *Curso de direito administrativo*. 2. ed. São Paulo: Saraiva, 2006.

KIRCHNER promulgo la reforma del Consejo de la Magistratura. *Lanacion.com*, Política, 24 feb. 2006. Disponível em: <http://www.lanacion.com.ar/nota.asp?nota_id=783531>. Acesso em: 20 nov. 2008.

LEAL, Victor Nunes. Lei e regulamento. *In*: *Problemas de direito público e outros problemas*. Brasília: Ministério da Justiça, 1997. v. 1. Separata de: *Revista de Direito Administrativo*, v. 1, p. 371, jan. 1945.

LENZ, Carlos Eduardo Thomson Flores. O Conselho Nacional de Justiça e a administração do Poder Judiciário. *Forense*, v. 103, n. 389, p. 469-479, jan./fev. 2007.

MAGALHÃES, José Luiz Quadros de. *Direito constitucional.* Belo Horizonte: Mandamentos, 2006. (Teoria da Constituição, t. III).

MAQUIAVEL, Nicolau. *O Príncipe.* 2. ed. Tradução de Maria Júlia Goldwasser. Revisão de Roberto Leal Ferreira. São Paulo: Martins Fontes, 2001.

MARCHIORI, Berta. Ministros criam regra para órgão fiscalizador: presidentes do STF, STJ e TST vedam parentes de magistrados no Conselho Nacional de Justiça. *Folha de S.Paulo,* São Paulo, p. A7, 3 fev. 2005.

MARTÍNEZ DE SANTOS, Alberto. La extralimitación reglamentaria del Consejo General Del Poder Judicial: apuntes sobre el Reglamento 1/2005 de 15 de Septiembre. *Noticias Jurídicas,* ene. 2006. Disponível em: <http://noticias.juridicas. com/articulos/15-Derecho%20Administrativo/200601-515610221110543550. html>. Acesso em: 20 set. 2008.

MARTÍNEZ NEIRA, Nestor Humberto. *Los consejos da la magistratura em latinoamérica*: anotaciones sobre el "autogobierno judicial". Comentários de Russel Wheeler. Washington: Banco Interamericano de Desarrollo, 1996.

MARTINS, Ives Gandra da Silva. Inteligência do artigo 94, parágrafo único, da Constituição Federal: imposição da lei suprema em manter-se a proporcionalidade de composição, segundo a classe de origem, dos magistrados nas cortes judiciais: atos regimentais dos tribunais ou do Conselho Nacional de Justiça não podem excluir a participação de magistrados originários da advocacia e do Ministério Público, em órgãos especiais: opinião legal. *Fórum Administrativo – FA,* Belo Horizonte, ano 6, n. 61, p. 6993-6998, mar. 2006.

MASSOUD, Carolina Hormanes; HABER, Lílian Mendes. *In*: VELOSO, Zeno et al. (Coord.). *Reforma do Judiciário comentada.* São Paulo: Saraiva, 2005.

MAURER, Hartmut. *Elementos de direito administrativo alemão.* Tradução de Luís Afonso Heck. Porto Alegre: Sergio Antonio Fabris, 2001.

MEDAUAR, Odete. *Direito administrativo moderno.* 11. ed. São Paulo: Revista dos Tribunais, 2007.

MEIRELLES, Hely Lopes. *Direito administrativo brasileiro.* 25. ed. São Paulo: Malheiros, 2000.

MELLO, Celso Antônio Bandeira de. *Curso de direito administrativo.* 15. ed. São Paulo: Malheiros, 2002.

MELO, Gustavo Procópio Bandeira de. Valoração comparativa do merecimento nas promoções e remoções de magistrados. *Jus Navigandi,* Teresina, ano 10, n. 1121, 27 jul. 2006. Disponível em: <http://jus2.uol.com.br/doutrina/texto. asp?id=8718>. Acesso em: 20 dez. 2009.

MINISTROS criam regra para órgão fiscalizador. *Folha de S.Paulo,* São Paulo, 03 fev. 2005. Brasil, p. 7.

MIRANDA, Jorge. *Manual de direito constitucional.* 3. ed. Coimbra: Coimbra Ed., 1996. (Constituição e inconstitucionalidade, v. 2).

MIRANDA, Jorge; MEDEIROS, Rui. *Constituição portuguesa anotada*. Coimbra: Coimbra Ed., 2007. (Organização do poder político, garantia e revisão da Constituição, disposições finais e transitórias, v. 3).

MONCADA, Luís S. Cabral de. *Lei e regulamento*. Coimbra: Coimbra Ed., 2002.

MONTESQUIEU, Charles de Secondat, Baron de. *O espírito das leis*. Tradução de Cristina Murachco. São Paulo: Martins Fontes, 1996.

MORAES, Alexandre de. Administração Pública e vedação ao nepotismo no Poder Judiciário. *In*: RIBEIRO, Luiz Gomes; BERARDI, Luciana Andrea Accorsi (Org.). *Estudos de direito constitucional*: homenagem à professora Maria Garcia. 2. ed. São Paulo: IOB, 2008.

MORAES, Guilherme Peña de. *Teoria do Estado*. 2. ed. Rio de Janeiro: Lumen Juris, 2006.

OPEN SOCIETY INSTITUTE. *Monitoring the EU Accession Process*: Judicial Independence. Report, 2001. Disponível em: <http://www.eumap.org/reports/2001/judicial>. Acesso em: 12 jun. 2008.

OPEN SOCIETY INSTITUTE. *Monitoring the EU Accession Process*: Judicial Capacity. Report, 2002. Disponível em: <http://www.eumap.org/reports/2002/judicial>. Acesso em: 12 jun. 2008.

OTERO, Paulo (Coord.). *Comentário à Constituição Portuguesa*. Lisboa: Almedina, 2008. (Princípios gerais da organização do poder político: artigos 108 a 119, v. 3, t. I).

PÁSARA, Luis. Selección, carrera y control disciplinario en la magistratura: principales tendencias actuales. *In*: *Reforma Judicial – Revista Mexicana de Justicia*, México, n. 4, p. 81-95, 2004. Disponível em: <http://dialnet.unirioja.es/servlet/articulo?codigo=951897>. Acesso em: 10 mayo, 2007.

PAULA, Alexandre Sturion de. Resolução nº 11/2006 do CNJ e a interpretação do artigo 93, I, da CF/88 acerca da atividade jurídica. *Jus Navigandi*, Teresina, ano 10, n. 945, 3 fev. 2006. Disponível em: <http://jus2.uol.com.br/doutrina/texto.asp?id=7910>. Acesso em: 05 nov. 2008.

PEDERSOLI, Christiane Vieira Soares. Competência regulamentar do Conselho Nacional de Justiça e do Consejo General del Poder Judicial: estudo comparativo. *In*: MACIEL, Adhemar Ferreira *et al.* (Coord.). *Estudos de direito constitucional*: homenagem ao Professor Ricardo Arnaldo Malheiros Fiuza. Belo Horizonte: Del Rey, 2009.

PELEJA JÚNIOR, Antônio Veloso. O CNJ e o controle de constitucionalidade de lei. *Revista Jurídica Consulex*, Brasília, ano XII, n. 287, p. 38-39, 31 dez. 2008.

PICOZZI, Francesco. La riduzioni del numero dei componenti del C.S.M.: una posible chiave de lettura. *Cahiers Européens* [2002?]. Disponível em: <http://www.cahiers.org/new/htm/articoli/picozzi_riduzione.htm>. Acesso em: 24 nov. 2008.

PONTIFÍCIA UNIVERSIDADE CATÓLICA DE MINAS GERAIS. Pró-Reitoria de Graduação. Sistema de Bibliotecas. *Padrão PUC Minas de normalização*: normas da ABNT para apresentação de projetos de pesquisa. Belo Horizonte, 2007. Disponível em: <http://www.pucminas.br/biblioteca/>. Acesso em: 12 jun. 2008.

PORRAS RAMÍREZ, José María. Fundamento, naturaleza, extension y limites de la potestad reglamentaria Del Consejo General Del Poder Judicial (A propósito de la nueva regulación introducida por La Ley Orgánica 16/1994, de 8 de noviembre, por la que se reforma la Ley Orgánica 6/1985, de 1 de julho, Del Poder Judicial). *Revista de Estúdios Políticos (Nueva Época)*, n. 87, ene./mar., 1995.

PORTUGAL. Constituição (1976). *Constituição da República Portuguesa*. Coimbra: Almedina, 2004.

PORTUGAL. *Lei nº 21/85*. Estatuto dos Magistrados Judiciais. Disponível em: <http://bdjur.almedina.net/csinopse.php?field=doc_id&value=82153>. Acesso em: 29 out. 2008.

PUNTE, Roberto Antônio. La "eficaz prestación de los servicios de justicia" y la validez de los jueces subrogantes. *ElDial.com Biblioteca Jurídica Online*, Argentina, 06.06.2005. Disponível em: <http://www.eldial.com.ar/suplementos/constitucional/i_doctrinaNP.asp>. Acesso em: 16 dez. 2008.

RESENDE, Sérgio Antônio de. Afinal, em que consiste o nepotismo?. *Estado de Minas*, Belo Horizonte, 19 jan. 2009. Direito & Justiça, p. 1.

RÍOS-FIGUEIROA, Julio. *Judicial Independence*: Definition, Measurement and Its Effects on Corruption. An Analysis of Latin America. Department of Politics, New York University, Sept. 2006.

RIVERO, Jean. *Curso de direito administrativo comparado*. Tradução de J. Cretella Jr. São Paulo: Revista dos Tribunais, 1995.

RODRIGUES, Horácio Wanderlei. *O terceiro poder em crise*: impasses e saídas. Rio de Janeiro: Fundação Konrad Adenauer, 2003. (Cadernos Adenauer, v. 3, n. 6).

RODRÍGUEZ GARCÍA, Fausto E. El principio de legalidad y el estado de derecho. *In*: CONGRESO INTERNACIONAL DE DERECHO COMPARADO, 5., 1958, Bruselas. *Boletín del Instituto de Derecho Comparado de México*. Disponível em: <http://www.juridicas.unam.mx/publica/librev/rev/indercom/cont/32/dtr/dtr2.pdf>. Acesso em: 1º ago. 2008.

ROMANO, Roberto. *Programa Roda Viva*, exibido na Rede Minas em 04 jun. 2007.

ROSA, Arthur; NAVARRO, Teresa; CUNEGUNDES, Patrícia. Presidentes do Supremo e do STJ divergem sobre a reforma. *Gazeta Mercantil*, São Paulo, 4 jun. 2002, Judiciário/Legislação, p. A7.

RUARO, Regina Linden; CURVELO, Alexandre Schubert. O poder regulamentar (autônomo) e o Conselho Nacional de Justiça: algumas anotações sobre o poder regulamentar autônomo no Brasil. *Revista dos Tribunais*, São Paulo, ano 96, n. 858, p. 102-129, abr. 2007.

SABBATO, Luiz Roberto. Controle externo da magistratura vulnera o sistema constitucional da tripartição do poder. *Revista CEJ*, Brasília, n. 24, p. 75-79, jan./mar. 2004.

SAGGESE, Mariano Bacigalupo. La potestad reglamentaria del Consejo General del Poder Judicial. *Derecho Privado y Constitución*, España, n. 17, p. 17-44, ene./dic. 2003.

SAMPAIO, José Adércio Leite (Coord.). *Crise e desafios da Constituição*. Belo Horizonte: Del Rey, 2004.

SAMPAIO, José Adércio Leite. *A Constituição reinventada pela jurisdição constitucional*. Belo Horizonte: Del Rey, 2002.

SAMPAIO, José Adércio Leite. *O Conselho Nacional de Justiça e a independência do Judiciário*. Belo Horizonte: Del Rey, 2007.

SAMPAIO, José Adércio Leite; CRUZ, Álvaro Ricardo de Souza (Coord.). *Hermenêutica e jurisdição constitucional*. Belo Horizonte: Del Rey, 2001.

SÁNCHEZ CASTAÑEDA, Alfredo. El Consejo Superior de la Magistratura Francês: una independencia difícil de conseguir. *Cuestiones Constitucionales – Revista Mexicana de Derecho Constitucional*, México, n. 4, ene./jun. 2001. Disponível em: <http://www.juridicas.unam.mx/publica/rev/cconst/>. Acesso em: 06 jun. 2007.

SANTOS, Boaventura de Sousa. *Para uma revolução democrática da justiça*. São Paulo: Cortez, 2007. (Coleção Questões da Nossa Época, v. 134).

SAVINO FILHO, Cármine Antônio. O controle externo do Judiciário. *Revista da Associação dos Juízes Federais*, Brasília, n. 37, ago. 1993.

SIFUENTES, Mônica Jacqueline. Conselho Superior da Magistratura: a experiência portuguesa. *Correio Braziliense*, Brasília, 14 fev. 2000, Caderno Direito & Justiça, p. 1.

SILVA, Clarissa Sampaio. *Legalidade e regulação*. Belo Horizonte: Fórum, 2005.

SILVA, José Afonso da. *Curso de direito constitucional positivo*. 19. ed. São Paulo: Malheiros, 2001.

SLAIBI FILHO, Nagib. *Meios de controle do Poder Judiciário*. Disponível em: <http://www.nagib.net.artigos/artconst/artconst3.htm>. Acesso em: 05 jan. 2007.

SOUTO MAIOR, Jorge Luiz; MAGALHÃES, Gustavo Alexandre. A súmula vinculante nº 13 e a vedação de contratação de parentes. *Revista Jurídica Consulex*, Brasília, ano XII, n. 280, p. 28-31, 15 set. 2008.

STF e CNJ selecionam projetos para pacto pela Reforma do Judiciário. *DireitodoEstado.com.br*, 13 jan. 2009. Disponível em: <http://www.direitodoestado.com/noticias/noticias_detail.asp?cod=7617>. Acesso em: 14 jan. 2009.

STRECK, Lênio Luiz. *Hermenêutica jurídica e(m) crise*: uma exploração hermenêutica da construção do direito. 6. ed. Porto Alegre: Livraria do Advogado, 2005.

SUNDFELD, Carlos Ari. A Administração Pública na era do direito global. *Revista Diálogo Jurídico*, Salvador, ano I, v. 1, n. 2, maio 2001. Disponível em: <http://www.direitopublico.com.br>. Acesso em: 16 set. 2008.

TÁCITO, Caio. Comissão de valores imobiliários. In: *Temas de direito público*: estudos e pareceres. Rio de Janeiro: Renovar, 1997. v. 2.

TALY: Consiglio Superiore della Magistratura. *European Judicial Training Network*. Disponível em: <http://www.ejtn.net/www/en/html/nodes_main/4_1875_423/4_1949_443/5_1585_17.htm>. Acesso em: 15 nov. 2008.

TOSTI, Luigi. Il Consiglio Superiore della Magistratura "boccia" l'esposizione dei crocefissi nelle aule giudiziarie. *Articoli Online.Net*, 08 nov. 2008. Disponível em: <http://www.articolionline.net/2008/11/il-consiglio-superiore-della.html>. Acesso em: 10 nov. 2008.

VERDE, Giovanni. Il CSM Italiano garante dell'independenza e dell'autonomia della magistratura. *Revista da Associação dos Juízes Federais do Brasil*, Brasília, ano 21, n. 70, p. 43-59, abr./jun. 2002.

VOERMANS, Win; ALBERS, Pim. *Councils for the Judiciary in the EU Countries*. European Network of Councils for the Judiciary, Mar. 2003. Disponível em: <http://www.encj.eu/encj/>. Acesso em: 10 out. 2008.

ZARAGOZA, Jorge Chaires. La independencia del Poder Judicial. *Boletín Mexicano de Derecho Comparado*, México, ano 37, n. 110, mayo/ago. 2004. Disponível em: <http://info.juridicas.unam.mx/publica/rev/boletin/cont/110/art/art4.htm>. Acesso em: 22 maio 2007.

ANEXOS

Resoluções do Conselho Nacional de Justiça Analisadas

Resolução nº 3, de 16 de Agosto de 2005

Dispõe sobre as férias coletivas nos Juízos e Tribunais de 2º Grau e dá outras providências.

O PRESIDENTE DO CONSELHO NACIONAL DE JUSTIÇA, no uso de suas atribuições, tendo em vista o decidido em Sessão de 16.8.2005, e com base no disposto no inciso II do §4º do art. 103-B da Constituição Federal, com a redação da Emenda Constitucional nº 45, de 8.12.2004, publicada no Diário Oficial da União de 31.12.2004,

R E S O L V E:

Art. 1º Acolher as justificativas apresentadas pelos Tribunais que mantiveram as férias coletivas marcadas para julho de 2005, uma vez que demonstrada a transitória força maior.

Art. 2º Cientificar os Tribunais que serão inadmissíveis quaisquer justificativas relativas a período futuro, ficando definitivamente extintas as férias coletivas, nos termos fixados na Constituição.

Art. 3º Registrar o reconhecimento e o elogio aos Tribunais que prontamente se adaptaram à decisão do Conselho.

Art. 4º Esta Resolução entra em vigor na data de sua publicação.

Ministro NELSON JOBIM

Resolução nº 6, de 13 de Setembro de 2005

Dispõe sobre a aferição do merecimento para promoção de magistrados e acesso aos Tribunais de 2º grau.

O PRESIDENTE DO CONSELHO NACIONAL DE JUSTIÇA, no uso de suas atribuições, tendo em vista o decidido em Sessão de 30.8.2005, com aprovação na Sessão de 13.09.2005, e com base no disposto nos incisos II, III, IV, IX e X, do art. 93 e incisos I e II do §4º do art. 103-B, ambos da Constituição Federal, com a redação da Emenda Constitucional nº 45, de 8.12.2004, publicada no Diário Oficial da União de 31.12.2004,
RESOLVE:

Art. 1º As promoções por merecimento de magistrados serão realizadas em sessão pública, em votação nominal, aberta e fundamentada.

Art. 2º A promoção por merecimento e o acesso aos Tribunais de 2º grau pressupõem dois anos de exercício na respectiva entrância ou no cargo e integrar o juiz a primeira quinta parte da lista de antiguidade, salvo se não houver com tais requisitos quem aceite o lugar vago.
Parágrafo único. É obrigatória a promoção do juiz que figure por três vezes consecutivas ou cinco alternadas em lista de merecimento.

Art. 3º O merecimento será apurado e aferido conforme o desempenho e por critérios objetivos de produtividade e presteza no exercício da jurisdição e pela freqüência e aproveitamento em cursos oficiais ou reconhecidos de aperfeiçoamento.
Parágrafo único: Os Tribunais apresentarão aos votantes, antes da sessão, a lista de magistrados inscritos contendo os elementos necessários para a aferição.

Art. 4º No prazo de 120 (cento e vinte) dias, os Tribunais deverão editar atos administrativos disciplinando:
I – a valoração objetiva de desempenho, produtividade e presteza no exercício da jurisdição, para efeito de promoção por mérito;
II – a freqüência e o aproveitamento em cursos oficiais ou reconhecidos de aperfeiçoamento ou especialização de magistrados que serão considerados para fins de ascensão por mérito, com a respectiva gradação; e
III – até que sejam regulamentados o inciso I do parágrafo único do art. 105 e o inciso I do §2º do art. 111-A, ambos da Constituição, os cursos que serão considerados para fins de promoção por merecimento com a respectiva gradação, observados, para efeito de participação nesses cursos, critérios de isonomia e de razoabilidade, respeitado sempre o interesse público.
Parágrafo único: No prazo referido no caput, os Tribunais deverão enviar ao Conselho Nacional de Justiça cópias dos respectivos atos.

Art. 5º Durante o prazo referido no artigo anterior e até que sejam editados os respectivos atos administrativos, os membros dos Tribunais que participarem dos procedimentos de votação para promoção por merecimento deverão fundamentar detalhadamente suas indicações, apontando critérios valorativos que levaram à escolha.
Parágrafo único: Na ausência de especificação de critérios valorativos, que permitam diferenciar os magistrados inscritos, deverão ser indicados os de maior antigüidade na entrância ou no cargo.

Art. 6º Os membros dos Tribunais que participarem dos procedimentos de promoção por merecimento deverão, nos termos do artigo 93, II, "e" da Constituição Federal, analisar as razões apresentadas pelo magistrado inscrito, caso ocorra hipótese de autos de processo em seu poder além do prazo legal.

Art. 7º Esta Resolução entra em vigor na data de sua publicação.

Ministro NELSON JOBIM

Resolução nº 7, de 18 de Outubro de 2005
(Alterada pelas Resoluções nº 9/2005 e nº 21/2006)

Disciplina o exercício de cargos, empregos e funções por parentes, cônjuges e companheiros de magistrados e de servidores investidos em cargos de direção e assessoramento, no âmbito dos órgãos do Poder Judiciário e dá outras providências.

O PRESIDENTE DO CONSELHO NACIONAL DE JUSTIÇA, no uso de suas atribuições,
CONSIDERANDO que, nos termos do disposto no art. 103-B, §4º, II, da Constituição Federal, compete ao Conselho zelar pela observância do art. 37 e apreciar, de ofício ou mediante provocação, a legalidade dos atos administrativos praticados por membros ou órgãos do Poder Judiciário, podendo desconstituí-los, revê-los ou fixar prazo para que se adotem as providências necessárias ao exato cumprimento da lei;
CONSIDERANDO que a Administração Pública encontra-se submetida aos princípios da moralidade e da impessoalidade consagrados no art. 37, caput, da Constituição;
RESOLVE:

Art. 1º É vedada a prática de nepotismo no âmbito de todos os órgãos do Poder Judiciário, sendo nulos os atos assim caracterizados.
Art. 2º Constituem práticas de nepotismo, dentre outras:
I – o exercício de cargo de provimento em comissão ou de função gratificada, no âmbito da jurisdição de cada Tribunal ou Juízo, por cônjuge, companheiro ou parente em linha reta, colateral ou por afinidade, até o terceiro grau, inclusive, dos respectivos membros ou juízes vinculados;
II – o exercício, em Tribunais ou Juízos diversos, de cargos de provimento em comissão, ou de funções gratificadas, por cônjuges, companheiros ou parentes em linha reta, colateral ou por afinidade, até o terceiro grau, inclusive, de dois ou mais magistrados, ou de servidores investidos em cargos de direção ou de assessoramento, em circunstâncias que caracterizem ajuste para burlar a regra do inciso anterior mediante reciprocidade nas nomeações ou designações;
III – o exercício de cargo de provimento em comissão ou de função gratificada, no âmbito da jurisdição de cada Tribunal ou Juízo, por cônjuge, companheiro ou parente em linha reta, colateral ou por afinidade, até o terceiro grau, inclusive, de qualquer servidor investido em cargo de direção ou de assessoramento;
IV – a contratação por tempo determinado para atender a necessidade temporária de excepcional interesse público, de cônjuge, companheiro ou parente em linha reta, colateral ou por afinidade, até o terceiro grau, inclusive, dos respectivos membros ou juízes vinculados, bem como de qualquer servidor investido em cargo de direção ou de assessoramento;
V – a contratação, em casos excepcionais de dispensa ou inexigibilidade de licitação, de pessoa jurídica da qual sejam sócios cônjuge, companheiro ou parente em linha reta ou colateral até o terceiro grau, inclusive, dos respectivos membros ou juízes vinculados, ou servidor investido em cargo de direção e de assessoramento.
§1º Ficam excepcionadas, nas hipóteses dos incisos I, II e III deste artigo, as nomeações ou designações de servidores ocupantes de cargo de provimento efetivo das carreiras judiciárias, admitidos por concurso público, observada a compatibilidade do grau de escolaridade do cargo de origem, ou a compatibilidade da atividade que lhe seja afeta e a complexidade inerente ao cargo em comissão a ser exercido, além da qualificação profissional do servidor, vedada, em qualquer caso, a nomeação ou designação para servir subordinado ao magistrado ou servidor determinante da incompatibilidade.

§2º A vedação constante do inciso IV deste artigo não se aplica quando a contratação por tempo determinado para atender a necessidade temporária de excepcional interesse público houver sido precedida de regular processo seletivo, em cumprimento de preceito legal.

Art. 3º É vedada a manutenção, aditamento ou prorrogação de contrato de prestação de serviços com empresa que venha a contratar empregados que sejam cônjuges, companheiros ou parentes em linha reta, colateral ou por afinidade, até o terceiro grau, inclusive, de ocupantes de cargos de direção e de assessoramento, de membros ou juízes vinculados ao respectivo Tribunal contratante, devendo tal condição constar expressamente dos editais de licitação.

Art. 4º O nomeado ou designado, antes da posse, declarará por escrito não ter relação familiar ou de parentesco que importe prática vedada na forma do artigo 2º

Art. 5º Os Presidentes dos Tribunais, dentro do prazo de noventa dias, contado da publicação deste ato, promoverão a exoneração dos atuais ocupantes de cargos de provimento em comissão e de funções gratificadas, nas situações previstas no art. 2º, comunicando a este Conselho.

Parágrafo único Os atos de exoneração produzirão efeitos a contar de suas respectivas publicações.

Art. 6º O Conselho Nacional de Justiça, em cento e oitenta dias, com base nas informações colhidas pela Comissão de Estatística, analisará a relação entre cargos de provimento efetivo e cargos de provimento em comissão, em todos os Tribunais, visando à elaboração de políticas que privilegiem mecanismos de acesso ao serviço público baseados em processos objetivos de aferição de mérito.

Art. 7º Esta Resolução entra em vigor na data de sua publicação.

Ministro NELSON JOBIM

Resolução nº 08, de 29 de Novembro de 2005

Dispõe sobre a regulamentação do expediente forense no período natalino e dá outras providências.

O PRESIDENTE DO CONSELHO NACIONAL DE JUSTIÇA, tendo em vista o decidido em sessão plenária do dia 29 de novembro de 2005, no uso de suas atribuições conferidas pela Constituição Federal, especialmente os incisos I e II, §4º, de seu artigo 103-B,
CONSIDERANDO que o inciso I do artigo 62 da Lei nº 5.010, de 30 de maio de 1966, estabelece feriado na Justiça da União, inclusive nos Tribunais Superiores, nos dias compreendidos entre 20 de dezembro e 6 de janeiro;
CONSIDERANDO que a suspensão do expediente forense, no período de 20 de dezembro a 6 de janeiro, constitui antiga reivindicação dos advogados, sobretudo os de menor poder econômico e não vinculados a grandes escritórios profissionais;
CONSIDERANDO que a existência de critérios conflitantes, quanto à suspensão do expediente forense, gera incerteza e insegurança entre os usuários da Justiça, podendo inclusive prejudicar o direito de defesa e a produção de provas;
CONSIDERANDO que o caráter ininterrupto da atividade jurisdicional é garantido, quando da suspensão do expediente forense no período noturno, nos fins-de-semana e nos feriados, através de sistema de plantões judiciários;
R E S O L V E:

Art. 1º Os Tribunais de Justiça dos Estados poderão, por meio de deliberação do Órgão Competente, suspender o expediente forense no período de 20 de dezembro a 6 de janeiro, garantindo o atendimento aos casos urgentes, novos ou em curso, através de sistema de plantões.
Parágrafo único. O sistema de plantões deve ser amplamente divulgado e fiscalizado pelos órgãos competentes.
Art. 2º A deliberação que aprovar a suspensão do expediente forense suspenderá, igualmente, os prazos processuais e a publicação de acórdãos, sentenças e decisões, bem como a intimação de partes ou advogados, na primeira e segunda instâncias, exceto com relação às medidas consideradas urgentes.
Parágrafo único. O Tribunal de Justiça regulamentará o funcionamento de plantões judiciários, de modo a garantir o caráter ininterrupto da atividade jurisdicional.
Art. 3º A suspensão não obsta a prática de ato processual de natureza urgente e necessário à preservação de direitos, nem impede a realização de audiência e de sessão de julgamento já designadas até a data da publicação dessa Resolução.
Art. 4º Esta resolução entra em vigor na data de sua publicação.

Ministro NELSON JOBIM

Resolução nº 11, de 31 de Janeiro de 2006
(Revogada pela Resolução nº 75/2009)

Regulamenta o critério de atividade jurídica para a inscrição em concurso público de ingresso na carreira da magistratura nacional e dá outras providências.

O PRESIDENTE DO CONSELHO NACIONAL DE JUSTIÇA, no uso de suas atribuições, tendo em vista o decidido em Sessão de 31 de janeiro de 2006;
CONSIDERANDO a necessidade de estabelecer regras e critérios gerais e uniformes, enquanto não for editado o Estatuto da Magistratura, que permitam aos Tribunais adotar providências de modo a compatibilizar suas ações, na tarefa de seleção de magistrados, com os princípios implementados pela Emenda Constitucional nº 45/2004;
CONSIDERANDO a existência de vários procedimentos administrativos, no âmbito do Conselho Nacional de Justiça, indicando a necessidade de ser explicitado o alcance da norma constitucional, especialmente o que dispõe o inciso I do artigo 93 da Constituição Federal e sua aplicação aos concursos públicos para ingresso na magistratura de carreira;
CONSIDERANDO a interpretação extraída dos anais do Congresso Nacional quando da discussão da matéria;
CONSIDERANDO, por fim, que o ingresso na magistratura constitui procedimento complexo, figurando o concurso público como sua primeira etapa;
RESOLVE:

Art. 1º Para os efeitos do artigo 93, I, da Constituição Federal, somente será computada a atividade jurídica posterior à obtenção do grau de bacharel em Direito.
Art. 2º Considera-se atividade jurídica aquela exercida com exclusividade por bacharel em Direito, bem como o exercício de cargos, empregos ou funções, inclusive de magistério superior, que exija a utilização preponderante de conhecimento jurídico, vedada a contagem do estágio acadêmico ou qualquer outra atividade anterior à colação de grau.
Art. 3º Serão admitidos no cômputo do período de atividade jurídica os cursos de pós-graduação na área jurídica reconhecidos pelas Escolas Nacionais de Formação e Aperfeiçoamento de Magistrados de que tratam o artigo 105, parágrafo único, I, e o artigo 111-A, parágrafo 2º, I, da Constituição Federal, ou pelo Ministério da Educação, desde que integralmente concluídos com aprovação.
Art. 4º A comprovação do tempo de atividade jurídica relativamente a cargos, empregos ou funções não privativos do bacharel em Direito será realizada mediante certidão circunstanciada, expedida pelo órgão competente, indicando as respectivas atribuições exercidas e a prática reiterada de atos que exijam a utilização preponderante de conhecimento jurídico.
Art. 5º A comprovação do período de três anos de atividade jurídica de que trata o artigo 93, I, da Constituição Federal, deverá ser realizada por ocasião da inscrição definitiva no concurso.
Art. 6º Aquele que exercer a atividade de magistério em cursos formais ou informais voltados à preparação de candidatos a concursos públicos para ingresso na carreira da magistratura fica impedido de integrar comissão do concurso e banca examinadora até três anos após cessar a referida atividade de magistério.
Art. 7º A presente resolução não se aplica aos concursos cujos editais já tenham sido publicados na data em que entrar em vigor.
Art. 8º Esta resolução entrará em vigor na data de sua publicação.

Ministro NELSON JOBIM
Presidente

Resolução nº 13, de 21 de Março de 2006
(Alterada pelas Resoluções nºs 27/2006 e 42/2007)

Dispõe sobre a aplicação do teto remuneratório constitucional e do subsídio mensal dos membros da magistratura.

O PRESIDENTE DO CONSELHO NACIONAL DE JUSTIÇA, no uso de suas atribuições, tendo em vista o decidido em Sessão de 21/03/2006, CONSIDERANDO o disposto na Lei nº 11.143, de 26 de julho de 2005, CONSIDERANDO o disposto no art. 37, inciso XI, da Constituição Federal, com a redação dada pela Emenda Constitucional nº 41, de 19 de dezembro de 2003, CONSIDERANDO o disposto no art. 103-B, §4º, II, da Constituição Federal, introduzido pela Emenda Constitucional nº 45, de 30 de dezembro de 2004, CONSIDERANDO o decidido pelo Supremo Tribunal Federal nos autos do Processo nº 319269, conforme Ata da 1ª Sessão Administrativa realizada em 5 de fevereiro de 2004,
RESOLVE:

Art. 1º No âmbito do Poder Judiciário da União, o valor do teto remuneratório, nos termos do art. 37, inciso XI, da Constituição Federal, combinado com o seu art. 93, inciso V, é o subsídio de Ministro do Supremo Tribunal Federal e corresponde a R$24.500,00 (vinte e quatro mil e quinhentos reais).

Art. 2º Nos órgãos do Poder Judiciário dos Estados, o teto remuneratório constitucional é o valor do subsídio de Desembargador do Tribunal de Justiça, que não pode exceder a 90,25% (noventa inteiros e vinte e cinco centésimos por cento) do subsídio mensal de Ministro do Supremo Tribunal Federal.

Art. 3º O subsídio mensal dos Magistrados constitui-se exclusivamente de parcela única, vedado o acréscimo de qualquer gratificação, adicional, abono, prêmio, verba de representação ou outra espécie remuneratória, de qualquer origem.

Art. 4º Estão compreendidas no subsídio dos magistrados e por ele extintas as seguintes verbas do regime remuneratório anterior:
I – vencimentos:
a) no Poder Judiciário da União, os previstos na Lei nº 10.474/02 e na Resolução STF nº 257/03; b) no Poder Judiciário dos Estados, os fixados nas tabelas das leis estaduais respectivas.
II – gratificações de:
a) Vice-Corregedor de Tribunal; b) Membros dos Conselhos de Administração ou de Magistratura dos Tribunais; c) Presidente de Câmara, Seção ou Turma; d) Juiz Regional de Menores;
e) exercício de Juizado Especial Adjunto; f) Vice-Diretor de Escola; g) Ouvidor; h) grupos de trabalho e comissões; i) plantão; j) Juiz Orientador do Disque Judiciário; k) Decanato; l) Trabalho extraordinário; m) Gratificação de função.
III – adicionais:
a) no Poder Judiciário da União, o Adicional por Tempo de Serviço previsto na Lei Complementar nº 35/79 (LOMAN), art. 65, inciso VIII; b) no Poder Judiciário dos Estados, os adicionais por tempo de serviço em suas diversas formas, tais como: anuênio, biênio, triênio, sexta-parte, "cascatinha", 15% e 25%, e trintenário.
IV – abonos;
V – prêmios;
VI – verbas de representação;
VII – vantagens de qualquer natureza, tais como:
a) gratificação por exercício de mandato (Presidente, Vice-Presidente, Corregedor, Diretor de Foro e outros encargos de direção e confiança); b) parcela de isonomia ou equivalência; c) vantagens pessoais e as nominalmente identificadas (VPNI); d) diferenças individuais para compensar decréscimo remuneratório; e) gratificação

de permanência em serviço mantida nos proventos e nas pensões estatutárias; f) quintos; e g) ajuda de custo para capacitação profissional.

VIII – outras verbas, de qualquer origem, que não estejam explicitamente excluídas pelo art. 5º.

Art. 5º As seguintes verbas não estão abrangidas pelo subsídio e não são por ele extintas:

I – de caráter permanente: retribuição pelo exercício, enquanto este perdurar, em comarca de difícil provimento;

II – de caráter eventual ou temporário: a) exercício da Presidência de Tribunal e de Conselho de Magistratura, da Vice-Presidência e do encargo de Corregedor; b) investidura como Diretor de Foro; c) exercício cumulativo de atribuições, como nos casos de atuação em comarcas integradas, varas distintas na mesma Comarca ou circunscrição, distintas jurisdições e juizados especiais; d) substituições; e) diferença de entrância; f) coordenação de Juizados; g) direção de escola; h) valores pagos em atraso, sujeitos ao cotejo com o teto junto com a remuneração do mês de competência; i) exercício como Juiz Auxiliar na Presidência, na Vice-Presidência, na Corregedoria e no Segundo Grau de Jurisdição; j) participação em Turma Recursal dos Juizados Especiais.

Parágrafo único. A soma das verbas previstas neste artigo com o subsídio mensal não poderá exceder os tetos referidos nos artigos 1º e 2º, ressalvado o disposto na alínea "h" deste artigo.

Art. 6º Está sujeita ao teto remuneratório a percepção cumulativa de subsídios, remuneração, proventos e pensões, de qualquer origem, nos termos do art. 37, inciso XI, da Constituição Federal, ressalvado o disposto no art. 8º desta Resolução.

Art. 7º Não podem exceder o valor do teto remuneratório, embora não se somem entre si e nem com a remuneração do mês em que se der o pagamento:

I – adiantamento de férias;
II – décimo terceiro salário;
III – terço constitucional de férias.

Art. 8º Ficam excluídas da incidência do teto remuneratório constitucional as seguintes verbas:

I – de caráter indenizatório, previstas em lei:
a) ajuda de custo para mudança e transporte; b) auxílio-moradia; c) diárias; d) auxílio-funeral; e) indenização de férias não gozadas; f) indenização de transporte; g) outras parcelas indenizatórias previstas na Lei Orgânica da Magistratura Nacional de que trata o art. 93 da Constituição Federal.

II – de caráter permanente:
a) remuneração ou provento decorrente do exercício do magistério, nos termos do art. 95, parágrafo único, inciso I, da Constituição Federal; e
b) benefícios percebidos de planos de previdência instituídos por entidades fechadas, ainda que extintas.

III – de caráter eventual ou temporário:
a) auxílio pré-escolar; b) benefícios de plano de assistência médico-social; c) devolução de valores tributários e/ou contribuições previdenciárias indevidamente recolhidos; d) gratificação pelo exercício da função eleitoral, prevista nos art. 1º e 2º da Lei nº 8.350, de 28 de dezembro de 1991, na redação dada pela Lei nº 11.143, de 26 de julho de 2005; e) gratificação de magistério por hora-aula proferida no âmbito do Poder Público; f) bolsa de estudo que tenha caráter remuneratório.

IV – abono de permanência em serviço, no mesmo valor da contribuição previdenciária, conforme previsto no art. 40, §19, da Constituição Federal, incluído pela Emenda Constitucional nº 41, de 31 de dezembro de 2003.

Parágrafo único. É vedada, no cotejo com o teto remuneratório, a exclusão de verbas que não estejam arroladas nos incisos e alíneas deste artigo.

Art. 9º As retribuições referidas no artigo 5º mantêm a mesma base de cálculo anteriormente estabelecida, ficando seus valores sujeitos apenas aos índices gerais de reajuste, vedada, até que sobrevenha lei específica de iniciativa do Poder Judiciário, a adoção do subsídio como base de cálculo.

Art. 10. Até que se edite o novo Estatuto da Magistratura, fica vedada a concessão de adicionais ou vantagens pecuniárias não previstas na Lei Complementar nº 35/79 (LOMAN), bem como em bases e limites superiores aos nela fixados.

Art. 11. Os Tribunais publicarão, no Diário Oficial respectivo, até 15 de janeiro de cada ano, os valores do subsídio e da remuneração de seus magistrados, em cumprimento ao disposto no §6º do art. 39 da Constituição Federal.

Art. 12. Os Tribunais ajustar-se-ão, a partir do mês de junho de 2006, inclusive, aos termos desta Resolução.

Parágrafo único. Os Presidentes dos tribunais enviarão ao Conselho Nacional de Justiça, no mês de julho de 2006, relatório circunstanciado das medidas efetivadas, constando os subsídios dos membros do Poder Judiciário e os vencimentos de seus servidores.

Art. 13. O Conselho Nacional de Justiça editará resolução específica para os servidores do Poder Judiciário e para a magistratura dos Estados que não adotam o subsídio.

Art. 14. Esta Resolução entra em vigor na data de sua publicação.

Ministro NELSON JOBIM

Resolução nº 14, de 21 de Março de 2006
(Alterada pela Resolução nº 42/2007)

Dispõe sobre a aplicação do teto remuneratório constitucional para os servidores do Poder Judiciário e para a magistratura dos Estados que não adotam o subsídio.

O PRESIDENTE DO CONSELHO NACIONAL DE JUSTIÇA, no uso de suas atribuições, tendo em vista o decidido em Sessão de 21 de março de 2006, CONSIDERANDO o disposto na Lei nº 11.143, de 26 de julho de 2005, CONSIDERANDO o disposto no art. 37, inciso XI, da Constituição Federal, com a redação dada pela Emenda Constitucional nº 41, de 19 de dezembro de 2003, CONSIDERANDO o disposto no art. 103-B, §4º, II, da Constituição Federal, introduzido pela Emenda Constitucional nº 45, de 30 de dezembro de 2004, CONSIDERANDO o disposto na Resolução CNJ nº 13, de 21 de março de 2006, RESOLVE:

Art. 1º O teto remuneratório para os servidores do Poder Judiciário da União, nos termos do inciso XI do art. 37 da Constituição Federal, é o subsídio de Ministro do Supremo Tribunal Federal e corresponde a R$24.500,00 (vinte e quatro mil e quinhentos reais).
Parágrafo único. Enquanto não editadas as leis estaduais referidas no art. 93, inciso V, da Constituição Federal, o limite remuneratório dos magistrados e servidores dos Tribunais de Justiça corresponde a 90,25% (noventa inteiros e vinte e cinco centésimos por cento) do teto remuneratório constitucional referido no caput, nos termos do disposto no art. 8º da Emenda Constitucional nº 41/2003.
Art. 2º Estão sujeitas aos tetos remuneratórios previstos no art. 1º as seguintes verbas:
I – de caráter permanente:
a) vencimentos fixados nas tabelas respectivas;
b) verbas de representação;
c) parcelas de equivalência ou isonomia;
d) abonos;
e) prêmios;
f) adicionais, inclusive anuênios, biênios, triênios, qüinqüênios, sexta-parte, "cascatinha", 15% e 25%, trintenário e quaisquer outros referentes a tempo de serviço;
g) gratificações;
h) vantagens de qualquer natureza, tais como:
1. gratificação por exercício de mandato (Presidente, Vice-Presidente, Corregedor, Diretor de Foro e outros encargos de direção e confiança); 2. diferenças individuais para compensar decréscimo remuneratório; 3. verba de permanência em serviço mantida nos proventos e nas pensões estatutárias; 4. quintos; 5. vantagens pessoais e as nominalmente identificadas – VPNI; 6. ajuda de custo para capacitação profissional. i) retribuição pelo exercício, enquanto este perdurar, em comarca de difícil provimento;
j) proventos e pensões estatutárias;
k) percepção cumulativa de remuneração, proventos e pensões, de qualquer origem, nos termos do art. 37, inciso XI da Constituição Federal, ressalvado o disposto no art. 4º desta Resolução.
I – outras verbas remuneratórias, de qualquer origem;
II – de caráter eventual ou temporário:
a) gratificação pelo exercício de encargos de direção: Presidente de Tribunal e de Conselho, Vice-Presidente, Corregedor e Vice-Corregedor, Conselheiro, Presidente de Câmara, Seção ou Turma, Diretor de Foro, Coordenador de Juizados Especiais, Diretor e Vice-Diretor de Escola e outros; b) exercício cumulativo de atribuições, como nos casos de atuação em comarcas integradas, varas distintas na mesma Comarca ou circunscrição, distintas jurisdições e juizados especiais; c) substituições; d) diferença de entrância; e) gratificação por outros encargos na magistratura, tais como: Juiz Auxiliar na Presidência, na Vice-Presidência,

na Corregedoria, e no segundo grau de jurisdição, Ouvidor, Grupos de Trabalho e Comissões, Plantão, Juiz Regional de Menores, Juizado Especial Adjunto, Juiz Orientador do Disque Judiciário, e Turma Recursal; f) remuneração pelo exercício de função comissionada ou cargo em comissão; g) abono, verba de representação e qualquer outra espécie remuneratória referente à remuneração do cargo e à de seu ocupante; h) valores pagos em atraso, sujeitos ao cotejo com o teto junto com a remuneração do mês de competência;

III – outras verbas, de qualquer origem, que não estejam explicitamente excluídas pelo art. 4º.

Art. 3º Não podem exceder o valor do teto remuneratório, embora não se somem entre si e nem com a remuneração do mês em que se der o pagamento:
I – adiantamento de férias;
II – décimo terceiro salário;
III – terço constitucional de férias;
IV – trabalho extraordinário de servidores.

Art. 4º Ficam excluídas da incidência do teto remuneratório constitucional as seguintes verbas:
I – de caráter indenizatório, previstas em lei: a) ajuda de custo para mudança e transporte; b) auxílio-alimentação; c) auxílio-moradia; d) diárias; e) auxílio-funeral; f) auxílio-reclusão; g) auxílio-transporte; h) indenização de férias não gozadas; i) indenização de transporte; j) licença-prêmio convertida em pecúnia; k) outras parcelas indenizatórias previstas em lei e, para os magistrados, as previstas na Lei Orgânica da Magistratura Nacional de que trata o art. 93 da Constituição Federal.
II – de caráter permanente:
a) remuneração ou provento de magistrado decorrente do exercício do magistério, nos termos do art. 95, parágrafo único, inciso I, da Constituição Federal.
b) benefícios percebidos de planos de previdência instituídos por entidades fechadas, ainda que extintas.
III – de caráter eventual ou temporário:
a) auxílio pré-escolar; b) benefícios de plano de assistência médico-social; c) devolução de valores tributários e/ou contribuições previdenciárias indevidamente recolhidos;

d) gratificação do magistrado pelo exercício da função eleitoral, prevista nos art. 1º e 2º da Lei nº 8.350, de 28 de dezembro de 1991, na redaçã o dada pela Lei nº 11.143, de 26 de julho de 2005; e) gratificação de magistério por hora-aula proferida no âmbito do Poder Público; f) bolsa de estudo que tenha caráter remuneratório.

IV – abono de permanência em serviço, no mesmo valor da contribuição previdenciária, conforme previsto no art. 40, §19, da Constituição Federal, incluído pela Emenda Constitucional nº 41, de 31 de dezembro de 2003.

Parágrafo único. É vedada, no cotejo com o teto remuneratório, a exclusão de verbas que não estejam arroladas nos incisos e alíneas deste artigo.

Art. 5º É vedado ao Poder Judiciário dos Estados:
I – conceder adicionais ou vantagens pecuniárias não previstas na Lei Complementar nº 35/79 (LOMAN), bem como em bases e limites superiores aos nela fixados;
II – propor alteração nas leis que dispõem sobre verbas remuneratórias dos magistrados, salvo para reestruturação das carreiras com fixação do subsídio.
III – conceder, após a vigência do teto remuneratório fixado no parágrafo único do art. 1º desta Resolução, vantagens pecuniárias automáticas em razão da alteração do subsídio de Ministro do Supremo Tribunal Federal.

Art. 6º Os Tribunais publicação, no Diário Oficial respectivo, até 15 de janeiro de cada ano, os valores da remuneração de seus magistrados e dos cargos e empregos públicos de seus servidores, em cumprimento ao disposto no §6º do art. 39 da Constituição Federal.

Art. 7º Os Tribunais ajustar-se-ão, a partir do mês de junho de 2006, inclusive, aos termos desta Resolução.

Parágrafo único. Os Presidentes dos Tribunais enviarão ao Conselho Nacional de Justiça, no mês de julho de 2006, relatório circunstanciado das medidas efetivadas, constando a remuneração dos membros do Poder Judiciário e a de seus servidores.

Art. 8º Esta Resolução entra em vigor na data de sua publicação.

Ministro NELSON JOBIM

Resolução nº 24, de 24 de Outubro de 2006

Revoga o disposto no art. 2º da Resolução nº 3 do Conselho Nacional de Justiça.

A PRESIDENTE DO CONSELHO NACIONAL DE JUSTIÇA, no uso de suas atribuições conferidas pela Constituição Federal, especialmente o que dispõe o inciso I, §4º, de seu artigo 103-B, e tendo em vista o decidido na Sessão do dia 24 de outubro de 2006; Considerando a manifestação do Colégio Permanente de Presidentes de Tribunais de Justiça no sentido de que a suspensão das férias coletivas, exigência da Resolução nº 03/2005, tem causado graves prejuízos à prestação jurisdicional nos juízos e tribunais de segundo grau, comprometendo os princípios da celeridade e da eficiência; Considerando as preocupações manifestadas pelo Fórum Permanente de Corregedores-Gerais da Justiça Federal, no sentido de que a extinção das férias coletivas implica no desmantelamento não apenas das Turmas de Julgamento, como também das Seções Especializadas e do próprio Órgão Especial, ficando praticamente impossível concluir o julgamento dos feitos já iniciados, porque sempre mais de um membro do Colegiado estão de férias, o que gera dificuldade para manter a continuidade da jurisprudência em determinada matéria, por força da sucessiva composição diferenciada; Considerando as informações prestadas por diversos presidentes de Tribunais Regionais Federais no sentido de que a suspensão das férias coletivas tem causado forte comprometimento orçamentário para a Justiça Federal, decorrente do pagamento de diárias, passagens e diferenças remuneratórias de substituição de juízes de primeiro grau convocados, além de acarretar perda de produtividade nos julgamentos de primeiro grau; Considerando, ainda, a manifestação da Ordem dos Advogados do Brasil, no sentido de que é do interesse da categoria que seja encontrada uma solução capaz de atender não só à sociedade, como àqueles que estão sendo prejudicados pelo critério vigente, que reclama satisfatória revisão;
R E S O L V E:]

Art. 1º Revogar o art. 2º da Resolução nº 3, de 16 de agosto de 2005.
Art. 2º Esta Resolução entra em vigor na data de sua publicação.

Ministra Ellen Gracie

Resolução nº 28, de 18 de Dezembro de 2006

Revoga a Resolução nº 24, de 24 de outubro de 2006, que dispõe sobre a revogação do disposto no art. 2º da Resolução nº 3 do Conselho Nacional de Justiça.

A PRESIDENTE DO CONSELHO NACIONAL DE JUSTIÇA, no uso de suas atribuições conferidas pela Constituição Federal, especialmente o que dispõe o inciso I, §4º, de seu artigo 103-B, e tendo em vista o decidido pelo Plenário do Supremo Tribunal Federal nos autos da Ação Direta de Inconstitucionalidade nº 3823,
R E S O L V E:

Art. 1º Fica revogada a Resolução nº 24, de 24 de outubro de 2006, que dispõe sobre a revogação do disposto no art. 2º da Resolução nº 3 do Conselho Nacional de Justiça.

Art. 2º Esta Resolução entra em vigor na data de sua publicação, com efeitos retroativos a 24 de outubro de 2006, ficando expressamente repristinados os efeitos do art. 2º da Resolução nº 03 do Conselho Nacional de Justiça.

Ministra Ellen Gracie
Presidente

Resolução nº 59 de 09 de Setembro de 2008
(Alterada pela Resolução nº 84/2009)

Disciplina e uniformiza as rotinas visando ao aperfeiçoamento do procedimento de interceptação de comunicações telefônicas e de sistemas de informática e telemática nos órgãos jurisdicionais do Poder Judiciário, a que se refere a Lei nº 9.296, de 24 de julho de 1996.

O PRESIDENTE DO CONSELHO NACIONAL DE JUSTIÇA, no uso de suas atribuições constitucionais e regimentais, CONSIDERANDO a necessidade de aperfeiçoar e uniformizar o sistema de medidas cautelares sigilosas referentes às interceptações telefônicas, de informática ou telemática, para prova em investigação criminal e em instrução processual penal, tornando-o seguro e confiável em todo o território nacional;
CONSIDERANDO a necessidade de propiciar ao Magistrado condições de decidir com maior independência e segurança;
CONSIDERANDO a imprescindibilidade de preservar o sigilo das investigações realizadas e das informações colhidas, bem como a eficácia da instrução processual;
CONSIDERANDO dispor o art. 5º, inciso XII, da Constituição Federal ser inviolável o sigilo da correspondência e das comunicações telegráficas, de dados e das comunicações telefônicas, salvo, no último caso, por ordem judicial, nas hipóteses e nas formas que a Lei estabelecer para fins de investigação criminal ou instrução processual penal;
CONSIDERANDO estipular o art. 1º da Lei nº. 9.296/96, o qual regulamentou o inciso XII, parte final, do art. 5º da Constituição Federal, que todo o procedimento nele previsto deverá tramitar sob segredo de justiça;
CONSIDERANDO a atribuição do Conselho Nacional de Justiça de zelar pela observância dos princípios do artigo 37 da Constituição Federal, pela escorreita prestação e funcionamento do serviço judiciário, para isso podendo expedir atos regulamentares (art. 103-B, parágrafo 4º, acrescentado pela Emenda Constitucional nº 45/2004);

CONSIDERANDO, finalmente, que a integral informatização das rotinas procedimentais voltadas às interceptações de comunicações telefônicas demanda tempo, investimento e aparelhamento das instituições envolvidas;
RESOLVE:

Capítulo Único
Do Procedimento de Interceptação de Comunicações Telefônicas e de Sistemas de Informática e Telemática

Seção I
Da Distribuição e Encaminhamento dos Pedidos de Interceptação

Art. 1º. As rotinas de distribuição, registro e processamento das medidas cautelares de caráter sigiloso em matéria criminal, cujo objeto seja a interceptação de comunicações telefônicas, de sistemas de informática e telemática, observarão disciplina própria, na forma do disposto nesta Resolução.
Art. 2º. Os pedidos de interceptação de comunicação telefônica, telemática ou de informática, formulados em sede de investigação criminal e em instrução processual penal, serão encaminhados à Distribuição da respectiva Comarca ou Subseção Judiciária, em envelope lacrado contendo o pedido e documentos necessários.
Art. 3º. Na parte exterior do envelope a que se refere o artigo anterior será colada folha de rosto contendo somente as seguintes informações:
I – "medida cautelar sigilosa";
II – delegacia de origem ou órgão do Ministério Público;
III – comarca de origem da medida.
Art. 4º. É vedada a indicação do nome do requerido, da natureza da medida ou

qualquer outra anotação na folha de rosto referida no artigo 3º.

Art. 5º. Outro envelope menor, também lacrado, contendo em seu interior apenas o número e o ano do procedimento investigatório ou do inquérito policial, deverá ser anexado ao envelope lacrado referido no artigo 3º.

Art. 6º. É vedado ao Distribuidor e ao Plantão Judiciário receber os envelopes que não estejam devidamente lacrados na forma prevista nos artigos 3º e 5º desta Resolução.

Seção II
Da Rotina de Recebimento dos Envelopes pela Serventia

Art. 7º. Recebidos os envelopes e conferidos os lacres, o Responsável pela Distribuição ou, na sua ausência, o seu substituto, abrirá o envelope menor e efetuará a distribuição, cadastrando no sistema informatizado local apenas o número do procedimento investigatório e a delegacia ou o órgão do Ministério Público de origem.

Art. 8º. A autenticação da distribuição será realizada na folha de rosto do envelope mencionado no artigo 3º.

Art. 9º. Feita a distribuição por meio do sistema informatizado local, a medida cautelar sigilosa será remetida ao Juízo competente, imediatamente, sem violação do lacre do envelope mencionado no artigo 3º.

Parágrafo único. Recebido o envelope lacrado pela serventia do Juízo competente, somente o Escrivão ou o responsável pela autuação do expediente e registro dos atos processuais, previamente autorizado pelo Magistrado, poderá abrir o envelope e fazer conclusão para apreciação do pedido.

Seção III
Do Deferimento da Medida Cautelar de Interceptação

Art. 10. Atendidos os requisitos legalmente previstos para deferimento da medida o Magistrado fará constar expressamente em sua decisão:

I – a indicação da autoridade requerente;
II – os números dos telefones ou o nome de usuário, e-mail ou outro identificador no caso de interceptação de dados;
III – o prazo da interceptação;
IV – a indicação dos titulares dos referidos números;
V – a expressa vedação de interceptação de outros números não discriminados na decisão;
VI – os nomes das autoridades policiais responsáveis pela investigação e que terão acesso às informações;
VII – os nomes dos funcionários do cartório ou secretaria responsáveis pela tramitação da medida e expedição dos respectivos ofícios, podendo reportar-se à portaria do juízo que discipline a rotina cartorária.

§1º. Nos casos de formulação de pedido verbal de interceptação (artigo 4º, §1º, da Lei nº 9.296/96), o funcionário autorizado pelo magistrado deverá reduzir a termo os pressupostos que autorizem a interceptação, tais como expostos pela autoridade policial ou pelo representante do Ministério Público.

§2º. A decisão judicial será sempre escrita e fundamentada.

Seção IV
Da Expedição de Ofícios às Operadoras

Art. 11. Os ofícios expedidos às operadoras em cumprimento à decisão judicial que deferir a medida cautelar sigilosa deverão ser gerados pelo sistema informatizado do respectivo órgão jurisdicional ou por meio de modelos padronizados a serem definidos pelas respectivas Corregedorias locais, dos quais deverão constar:

I – número do ofício sigiloso;
II – número do protocolo;
III – data da distribuição;
IV – tipo de ação;
V – número do inquérito ou processo;
VI – órgão postulante da medida (Delegacia de origem ou Ministério Público);
VII – número dos telefones que tiveram a interceptação ou quebra de dados deferida;
VIII – a expressa vedação de interceptação de outros números não discriminados na decisão;
IX – advertência de que o ofício-resposta deverá indicar o número do protocolo do processo ou do Plantão Judiciário, sob pena de recusa de seu recebimento pelo cartório ou secretaria judicial, e

X – advertência da regra contida no artigo 10 da Lei nº 9.296/96.

Seção V
Das Obrigações das Operadoras de Telefonia

Art. 12. Recebido o ofício da autoridade judicial a operadora de telefonia deverá confirmar com o Juízo os números cuja efetivação fora deferida e a data em que efetivada a interceptação, para fins do controle judicial do prazo.
Parágrafo 1º. Semestralmente as operadoras indicarão em ofício a ser enviado à Corregedoria Nacional de Justiça os nomes das pessoas, com a indicação dos respectivos registros funcionais, que por força de suas atribuições, têm conhecimento de medidas de interceptações telefônicas deferidas, bem como os dos responsáveis pela operacionalização das medidas, arquivando-se referido ofício em pasta própria na Corregedoria Nacional.
Parágrafo 2º. Sempre que houver alteração do quadro de pessoal, será atualizada a referida relação. (NR).

Seção VI
Das Medidas Apreciadas pelo Plantão Judiciário

Art. 13. Durante o Plantão Judiciário as medidas cautelares sigilosas apreciadas, deferidas ou indeferidas, deverão ser encaminhadas ao Serviço de Distribuição da respectiva comarca, devidamente lacradas.
§1º. Não será admitido pedido de prorrogação de prazo de medida cautelar de interceptação de comunicação telefônica, telemática ou de informática durante o plantão judiciário, ressalvada a hipótese de risco iminente e grave à integridade ou à vida de terceiros, bem como durante o Plantão de Recesso previsto artigo 62 da Lei nº 5.010/66.
§2º. Na Ata do Plantão Judiciário constará, apenas, a existência da distribuição de "medida cautelar sigilosa", sem qualquer outra referência, não sendo arquivado no Plantão Judiciário nenhum ato referente à medida. (NR).

Seção VII
Dos Pedidos de Prorrogação de Prazo

Art. 14. Quando da formulação de eventual pedido de prorrogação de prazo pela autoridade competente, deverão ser apresentados os áudios (CD/DVD) com o inteiro teor das comunicações interceptadas, as transcrições das conversas relevantes à apreciação do pedido de prorrogação e o relatório circunstanciado das investigações com seu resultado.
§1º. Sempre que possível os áudios, as transcrições das conversas relevantes à apreciação do pedido de prorrogação e os relatórios serão gravados de forma sigilosa encriptados com chaves definidas pelo Magistrado condutor do processo criminal.
§2º. Os documentos acima referidos serão entregues pessoalmente pela autoridade responsável pela investigação ou seu representante, expressamente autorizado, ao Magistrado competente ou ao servidor por ele indicado.

Seção VIII
Do Transporte de Autos para fora do Poder Judiciário

Art. 15. O transporte dos autos para fora das unidades do Poder Judiciário deverá atender à seguinte rotina:
I – serão os autos acondicionados em envelopes duplos;
II – no envelope externo não constará nenhuma indicação do caráter sigiloso ou do teor do documento, exceto a tipificação do delito;
III – no envelope interno serão apostos o nome do destinatário e a indicação de sigilo ou segredo de justiça, de modo a serem identificados logo que removido o envelope externo;
IV – o envelope interno será fechado, lacrado e expedido mediante recibo, que indicará, necessariamente, remetente, destinatário e número ou outro indicativo do documento; e
V – o transporte e a entrega de processo sigiloso ou em segredo de justiça serão efetuados preferencialmente por agente público autorizado. (NR).

Seção IX
Da Obrigação de Sigilo e da Responsabilidade dos Agentes Públicos

Art. 16. No recebimento, movimentação e guarda de feitos e documentos sigilosos, as unidades do Poder Judiciário deverão tomar as medidas para que o acesso atenda às cautelas de segurança previstas nesta norma, sendo os servidores responsáveis pelos seus atos na forma da lei.

Parágrafo único. No caso de violação de sigilo de que trata esta Resolução, o magistrado responsável pelo deferimento da medida determinará a imediata apuração dos fatos.

Art. 17. Não será permitido ao magistrado e ao servidor fornecer quaisquer informações, direta ou indiretamente, a terceiros ou a órgão de comunicação social, de elementos sigilosos contidos em processos ou inquéritos regulamentados por esta Resolução, sob pena de responsabilização nos termos da legislação pertinente. (NR).

Seção X
Da Prestação de Informações Sigilosas às Corregedorias-Gerais

Art. 18. Mensalmente, os Juízos investidos de competência criminal informarão à Corregedoria Nacional de Justiça, por via eletrônica, em caráter sigiloso, a quantidade de interceptações em andamento. (NR).
I – (Revogado).
II – (Revogado).
Parágrafo único. (Revogado).

Seção XI
Do Acompanhamento Administrativo pela Corregedoria Nacional de Justiça

Art. 19. A Corregedoria Nacional de Justiça exercerá o acompanhamento administrativo do cumprimento da presente Resolução.
Parágrafo único. (Revogado).

Seção XII
Das Disposições Transitórias

Art. 20. O Conselho Nacional de Justiça desenvolverá, conjuntamente com a Agência Nacional de Telecomunicações – ANATEL, estudos para implementar rotinas e procedimentos inteiramente informatizados, assegurando o sigilo e segurança dos sistemas no âmbito do Judiciário e das operadoras.

Art. 21. (Revogado).

Art. 22. Esta Resolução entra em vigor na data de sua publicação, revogadas as disposições em contrário.

Ministro GILMAR MENDES

Resolução nº 75, de 12 de Maio de 2009

Dispõe sobre os concursos públicos para ingresso na carreira da magistratura em todos os ramos do Poder Judiciário nacional.

O PRESIDENTE DO CONSELHO NACIONAL DE JUSTIÇA, no uso de suas atribuições constitucionais e regimentais, e CONSIDERANDO que, nos termos do art. 103-B, §4º, inciso I, da Constituição da República, compete ao Conselho Nacional de Justiça zelar pela autonomia do Poder Judiciário e pelo cumprimento do Estatuto da Magistratura, podendo expedir atos regulamentares, no âmbito de sua competência, ou recomendar providências; CONSIDERANDO que o ingresso na magistratura brasileira ocorre mediante concurso público de provas e títulos, conforme o disposto no art. 93, inciso I, da Constituição da República, observados os princípios constitucionais da legalidade, impessoalidade, moralidade, publicidade e eficiência;
CONSIDERANDO a multiplicidade de normas e procedimentos distintos por que se pautam os Tribunais brasileiros na realização de concursos para ingresso na magistratura, com frequentes impugnações na esfera administrativa e/ou jurisdicional que retardam ou comprometem o certame;
* Texto consolidado conforme deliberado pelo Plenário do Conselho Nacional de Justiça na 109ª Sessão Ordinária, de 03 de agosto de 2010, no julgamento do processo Ato Normativo 0003622-68.2010.2.00.0000.

CONSIDERANDO a imperativa necessidade de editar normas destinadas a regulamentar e a uniformizar o procedimento e os critérios relacionados ao concurso de ingresso na carreira da magistratura do Poder Judiciário nacional;
RESOLVE:

Capítulo I
Das Disposições Gerais

Seção I
Da Abertura do Concurso

Art. 1º O concurso público para ingresso na carreira da magistratura é regulamentado por esta Resolução.

Art. 2º O ingresso na carreira, cujo cargo inicial será o de juiz substituto, far-se-á mediante concurso público de provas e títulos, de acordo com os arts. 93, I, e 96, I, "c", da Constituição Federal.
Parágrafo único. O provimento dos cargos será feito de acordo com a disponibilidade orçamentária e a necessidade do serviço.
Art. 3º A realização do concurso público, observadas a dotação orçamentária e a existência de vagas, inicia-se com a constituição da respectiva Comissão de Concurso, mediante resolução aprovada pelo órgão especial ou Tribunal Pleno.
Parágrafo único.[1] A comissão de Concurso incumbir-se-á de todas as providências necessárias à organização e realização do certame, sem prejuízo das atribuições cometidas por esta Resolução, se for o caso, às Comissões Examinadoras e à instituição especializada contratada ou conveniada para execução das provas do certame (NR).
Art. 4º Às vagas existentes e indicadas no edital poderão ser acrescidas outras, que surgirem durante o prazo de validade do concurso.

Seção II
Das Etapas e do Programa do Concurso

Art. 5º O concurso desenvolver-se-á sucessivamente de acordo com as seguintes etapas:
I – primeira etapa – uma prova objetiva seletiva, de caráter eliminatório e classificatório;
II – segunda etapa – duas provas escritas, de caráter eliminatório e classificatório;
III – terceira etapa – de caráter eliminatório, com as seguintes fases:
a) sindicância da vida pregressa e investigação social;
b) exame de sanidade física e mental;
c) exame psicotécnico;
IV – quarta etapa – uma prova oral, de caráter eliminatório e classificatório;

V – quinta etapa – avaliação de títulos, de caráter classificatório.

§1º A participação do candidato em cada etapa ocorrerá necessariamente após habilitação na etapa anterior.

§2º Os tribunais poderão realizar, como etapa do certame, curso de formação inicial, de caráter eliminatório ou não.

Art. 6º As provas da primeira, segunda e quarta etapas versarão, no mínimo, sobre as disciplinas constantes dos Anexos I, II, III, IV e V, conforme o segmento do Poder Judiciário nacional. As provas da segunda e quarta etapas também versarão sobre o programa discriminado no Anexo VI.

Seção III
Da Classificação e da Média Final

Art. 7º A classificação dos candidatos habilitados obedecerá à ordem decrescente da média final, observada a seguinte ponderação:
I – da prova objetiva seletiva: peso 1;
II – da primeira e da segunda prova escrita: peso 3 para cada prova;
III – da prova oral: peso 2;
IV – da prova de títulos: peso 1.
Parágrafo único. Em nenhuma hipótese, haverá arredondamento de nota, desprezadas as frações além do centésimo nas avaliações de cada etapa do certame.

Art. 8º A média final, calculada por média aritmética ponderada que leve em conta o peso atribuído a cada prova, será expressa com 3 (três) casas decimais.

Art. 9º Para efeito de desempate, prevalecerá a seguinte ordem de notas:
I – a das duas provas escritas somadas;
II – a da prova oral;
III – a da prova objetiva seletiva;
IV – a da prova de títulos.
Parágrafo único. Persistindo o empate, prevalecerá o candidato de maior idade.

Art. 10. Considerar-se-á aprovado para provimento do cargo o candidato que for habilitado em todas as etapas do concurso.
Parágrafo único. Ocorrerá eliminação do candidato que:
I – não obtiver classificação, observado o redutor previsto no art. 44, ficando assegurada a classificação dos candidatos empatados na última posição de classificação;

II – for contraindicado na terceira etapa;
III – não comparecer à realização de qualquer das provas escritas ou oral no dia, hora e local determinados pela Comissão de Concurso, munido de documento oficial de identificação;
IV – for excluído da realização da prova por comportamento inconveniente, a critério da Comissão de Concurso.

Art. 11. Aprovado pela Comissão de Concurso o quadro classificatório, será o resultado final do concurso submetido à homologação do tribunal.
Parágrafo único. A ordem de classificação prevalecerá para a nomeação dos candidatos.

Seção IV
Da Publicidade

Art. 12. O concurso será precedido de edital expedido pelo presidente da Comissão de Concurso, cuja divulgação dar-se-á mediante:
I – publicação integral, uma vez, no Diário Oficial, se for o caso também em todos os Estados em que o tribunal exerce a jurisdição;
II – publicação integral no endereço eletrônico do tribunal e do Conselho Nacional de Justiça;
III – afixação no quadro de avisos, sem prejuízo da utilização de qualquer outro tipo de anúncio subsidiário, a critério da Comissão de Concurso.

Art. 13. Constarão do edital, obrigatoriamente:
I – o prazo de inscrição, que será de, no mínimo, 30 (trinta) dias, contados da última ou única publicação no Diário Oficial;
II – local e horário de inscrições;
III – o conteúdo das disciplinas objeto de avaliação no certame, observada a respectiva relação mínima de disciplinas constantes dos anexos da presente Resolução e os conteúdos do Anexo VI;
IV – o número de vagas existentes e o cronograma estimado de realização das provas;
V – os requisitos para ingresso na carreira;
VI – a composição da Comissão de Concurso, das Comissões Examinadoras, com a participação da Ordem dos Advogados

do Brasil, e da Comissão da instituição especializada, com os respectivos suplentes;
VII – a relação dos documentos necessários à inscrição;
VIII – o valor da taxa de inscrição;
IX – a fixação objetiva da pontuação de cada título, observado o art. 67.

§1º Todas as comunicações individuais e coletivas aos candidatos inscritos no concurso serão consideradas efetuadas, para todos os efeitos, por sua publicação em edital no órgão da imprensa oficial do tribunal promotor e no sítio eletrônico deste na rede mundial de computadores.

§2º Qualquer candidato inscrito ao concurso poderá impugnar o respectivo edital, em petição escrita e fundamentada endereçada ao Presidente da Comissão de Concurso, no prazo de 5 (cinco) dias após o término do prazo para a inscrição preliminar ao concurso, sob pena de preclusão.

§3º A Comissão de Concurso não realizará a primeira prova enquanto não responder às eventuais impugnações apresentadas na forma do parágrafo anterior.

§4º Salvo nas hipóteses de indispensável adequação à legislação superveniente, não se alterarão as regras do edital de concurso após o início do prazo das inscrições preliminares no tocante aos requisitos do cargo, aos conteúdos programáticos, aos critérios de aferição das provas e de aprovação para as etapas subsequentes.

§5º O edital do concurso não poderá estabelecer limite máximo de idade inferior a 65 (sessenta e cinco) anos.

Art. 14. As alterações nas datas e locais de realização de cada etapa previstos no edital serão comunicadas aos candidatos.

Seção V
Da Duração e do Prazo de Validade do Concurso

Art. 15. O concurso deverá ser concluído no período de até 18 (dezoito) meses, contado da inscrição preliminar até a homologação do resultado final.

Art. 16. O prazo de validade do concurso é de até 2 (dois) anos, prorrogável, a critério do tribunal, uma vez, por igual período, contado da data da publicação da homologação do resultado final do concurso.

Seção VI
Do Custeio Do Concurso

Art. 17. O valor máximo da taxa de inscrição corresponderá a 1% (um por cento) do subsídio bruto atribuído em lei para o cargo disputado, cabendo ao candidato efetuar o recolhimento na forma do que dispuser normatização específica de cada tribunal.

Art. 18. Não haverá dispensa da taxa de inscrição, exceto:
I – em favor do candidato que, mediante requerimento específico, comprovar não dispor de condições financeiras para suportar tal encargo;
II – nos casos previstos em lei.
Parágrafo único. Cabe ao interessado produzir prova da situação que o favorece até o término do prazo para inscrição preliminar.

Capítulo II
Das Comissões

Seção I
Da Composição, Quórum e Impedimentos

Art. 19.[2] O concurso desenrolar-se-á perante Comissão de Concurso, ou perante Comissão de Concurso e Comissões Examinadoras.

§1º As atribuições previstas nesta Resolução para as Comissões Examinadoras, quando houver apenas a Comissão de Concurso, serão por esta exercidas.

§2º Os magistrados componentes das Comissões Examinadoras de cada etapa, salvo prova oral, poderão afastar-se dos encargos jurisdicionais por até 15 (quinze) dias, prorrogáveis, para a elaboração das questões e correção das provas. O afastamento, no caso de membro de tribunal, não alcança as atribuições privativas do Tribunal Pleno ou do Órgão Especial.

§3º Os membros das Comissões Examinadoras, nos seus afastamentos, serão substituídos pelos suplentes, designados pela Comissão de Concurso.

§4º A Comissão de Concurso contará com uma secretaria para apoio administrativo, na forma do regulamento de cada tribunal. A secretaria será responsável pela lavratura das atas das reuniões da Comissão.

§5º³ Os tribunais, nos termos da lei, poderão celebrar convênio ou contratar serviços de instituição especializada para a execução de todas as etapas do concurso (NR).

Art. 20. Aplicam-se aos membros das comissões os motivos de suspeição e de impedimento previstos nos arts. 134 e 135 do Código de Processo Civil.

§1º Constituem também motivo de impedimento:
I – o exercício de magistério em cursos formais ou informais de preparação a concurso público para ingresso na magistratura até 3 (três) anos após cessar a referida atividade;
II – a existência de servidores funcionalmente vinculados ao examinador ou de cônjuge, companheiro ou parente em linha reta, colateral ou por afinidade, até o terceiro grau, inclusive, cuja inscrição haja sido deferida;
III – a participação societária, como administrador, ou não, em cursos formais ou informais de preparação para ingresso na magistratura até 3 (três) anos após cessar a referida atividade, ou contar com parentes nestas condições, até terceiro grau, em linha reta ou colateral.
§2º Os motivos de suspeição e de impedimento deverão ser comunicados ao Presidente da Comissão de Concurso, por escrito, até 5 (cinco) dias úteis após a publicação da relação dos candidatos inscritos no Diário Oficial.

Seção II
Das Atribuições

Art. 21. Compete à Comissão de Concurso:
I – elaborar o edital de abertura do certame;
II – fixar o cronograma com as datas de cada etapa;
III – receber e examinar os requerimentos de inscrição preliminar e definitiva, deliberando sobre eles;
IV – designar as Comissões Examinadoras para as provas da segunda (duas provas escritas) e quarta etapas;
V – emitir documentos;
VI – prestar informações acerca do concurso;
VII – cadastrar os requerimentos de inscrição;
VIII – acompanhar a realização da primeira etapa;
IX – homologar o resultado do curso de formação inicial;
X – aferir os títulos dos candidatos e atribuir-lhes nota;
XI – julgar os recursos interpostos nos casos de indeferimento de inscrição preliminar e dos candidatos não aprovados ou não classificados na prova objetiva seletiva;
XII – ordenar a convocação do candidato a fim de comparecer em dia, hora e local indicados para a realização da prova;
XIII – homologar ou modificar, em virtude de recurso, o resultado da prova objetiva seletiva, determinando a publicação no Diário Oficial da lista dos candidatos classificados;
XIV – apreciar outras questões inerentes ao concurso.
Parágrafo único.⁴ As atribuições constantes deste dispositivo poderão ser delegadas à instituição especializada contratada ou conveniada para realização das provas do concurso.

Art. 22. Compete à Comissão Examinadora de cada etapa:
I – preparar, aplicar e corrigir as provas escritas;
II – arguir os candidatos submetidos à prova oral, de acordo com o ponto sorteado do programa, atribuindo-lhes notas;
III – julgar os recursos interpostos pelos candidatos;
IV – velar pela preservação do sigilo das provas escritas até a identificação da autoria, quando da realização da sessão pública;
V – apresentar a lista de aprovados à Comissão de Concurso.
Parágrafo único. Das decisões proferidas pelas Comissões Examinadoras não caberá novo recurso à Comissão de Concurso.

Capítulo III
Da Inscrição Preliminar

Art. 23. A inscrição preliminar será requerida ao presidente da Comissão

de Concurso pelo interessado ou, ainda, por procurador habilitado com poderes especiais, mediante o preenchimento de formulário próprio, acompanhado de:
I – prova de pagamento da taxa de inscrição, observado o art. 18;
II – cópia autenticada de documento que comprove a nacionalidade brasileira;
III – duas fotos coloridas tamanho 3x4 (três por quatro) e datadas recentemente;
IV – instrumento de mandato com poderes especiais e firma reconhecida para requerimento de inscrição, no caso de inscrição por procurador.
§1º O candidato, ao preencher o formulário a que se refere o "caput", firmará declaração, sob as penas da lei:
a) de que é bacharel em Direito e de que deverá atender, até a data da inscrição definitiva, a exigência de 3 (três) anos de atividade jurídica exercida após a obtenção do grau de bacharel em Direito;
b) de estar ciente de que a não apresentação do respectivo diploma, devidamente registrado pelo Ministério da Educação, e da comprovação da atividade jurídica, no ato da inscrição definitiva, acarretará a sua exclusão do processo seletivo;
c) de que aceita as demais regras pertinentes ao concurso consignadas no edital;
d) de que é pessoa com deficiência e, se for o caso, que carece de atendimento especial nas provas, de conformidade com o Capítulo X.
§2º Para fins deste artigo, o documento oficial de identificação deverá conter fotografia do portador e sua assinatura.
§3º Ao candidato ou ao procurador será fornecido comprovante de inscrição.
§4º Somente será recebida a inscrição preliminar do candidato que apresentar, no ato de inscrição, toda a documentação necessária a que se refere este artigo.
Art. 24. Não serão aceitas inscrições condicionais.
Art. 25. Os pedidos de inscrição preliminar serão apreciados e decididos pelo presidente da Comissão de Concurso.
Parágrafo único. Caberá recurso à Comissão de Concurso, no prazo de 2 (dois) dias úteis, nos casos de indeferimento de inscrição preliminar.
Art. 26. A inscrição preliminar deferida habilita o candidato à prestação da prova objetiva seletiva.
Art. 27. Deferido o requerimento de inscrição preliminar, incumbe ao presidente da Comissão de Concurso fazer publicar, uma única vez, no respectivo Diário Oficial, se for o caso também dos Estados compreendidos na jurisdição do tribunal, a lista dos candidatos inscritos e encaminhá-la à respectiva comissão ou instituição.
Parágrafo único.[5] (revogado pela Resolução nº 118, de 2010).
Art. 28. A inscrição do candidato implicará o conhecimento e a tácita aceitação das normas e condições estabelecidas, das quais não poderá alegar desconhecimento.

Capítulo IV
Da Primeira Etapa do Concurso

Seção I
Da Instituição Especializada Executora

Art. 29.[6] Os tribunais, nos termos da lei, poderão celebrar convênio ou contratar serviços de instituição especializada para a execução da primeira ou de todas as etapas do concurso (NR).
Art. 30. Caberá à Comissão Examinadora ou à instituição especializada:
I – formular as questões e aplicar a prova objetiva seletiva;
II – corrigir a prova;
III – assegurar vista da prova, do gabarito e do cartão de resposta ao candidato que pretender recorrer;
IV – encaminhar parecer sobre os recursos apresentados para julgamento da Comissão de Concurso;
V – divulgar a classificação dos candidatos.
Parágrafo único.[7] Serão de responsabilidade da instituição especializada quaisquer danos causados ao Poder Judiciário ou aos candidatos, antes, durante e após a realização de qualquer etapa do concurso, no que se referir às atribuições constantes desta Resolução (NR).
Art. 31. A instituição especializada prestará contas da execução do contrato ou convênio ao tribunal e submeter-se-á à supervisão da Comissão de Concurso, que homologará ou modificará os resultados e julgará os recursos.

Seção II
Da Prova Objetiva Seletiva

Art. 32. A prova objetiva seletiva será composta de três blocos de questões (I, II e III), discriminados nos Anexos I, II, III, IV e V, conforme o segmento do Poder Judiciário nacional.

Art. 33. As questões da prova objetiva seletiva serão formuladas de modo a que, necessariamente, a resposta reflita a posição doutrinária dominante ou a jurisprudência pacificada dos Tribunais Superiores.

Art. 34. Durante o período de realização da prova objetiva seletiva, não serão permitidos:
I – qualquer espécie de consulta ou comunicação entre os candidatos ou entre estes e pessoas estranhas, oralmente ou por escrito;
II – o uso de livros, códigos, manuais, impressos ou anotações;
III – o porte de arma.
Parágrafo único. O candidato poderá ser submetido a detector de metais durante a realização da prova.

Art. 35. Iniciada a prova e no curso desta, o candidato somente poderá ausentar-se acompanhado de um fiscal.
§1º É obrigatória a permanência do candidato no local por, no mínimo, 1 (uma) hora.
§2º Após o término da prova, o candidato não poderá retornar ao recinto em nenhuma hipótese.

Art. 36. As questões objetivas serão agrupadas por disciplina e nos respectivos blocos, devidamente explicitados.
Parágrafo único. Se a questão for elaborada sob a forma de exame prévio de proposições corretas ou incorretas, constará de cada uma das alternativas de resposta expressa referência, em algarismos romanos, à assertiva ou às assertivas corretas, vedada qualquer resposta que não indique com precisão a resposta considerada exata.

Art. 37. O candidato somente poderá apor seu número de inscrição, nome ou assinatura em lugar especificamente indicado para tal finalidade, sob pena de anulação da prova e consequente eliminação do concurso.

Art. 38. É de inteira responsabilidade do candidato o preenchimento da folha de respostas, conforme as especificações nela constantes, não sendo permitida a sua substituição em caso de marcação incorreta.

Art. 39. Reputar-se-ão erradas as questões que contenham mais de uma resposta e as rasuradas, ainda que inteligíveis.

Art. 40. Finda a prova, o candidato deverá entregar ao fiscal da sala a Folha de Respostas devidamente preenchida.

Art. 41. Será automaticamente eliminado do concurso o candidato que:
I – não comparecer à prova;
II – for encontrado, durante a realização da prova, portando qualquer um dos objetos especificados no art. 85, mesmo que desligados ou sem uso;
III – for colhido em flagrante comunicação com outro candidato ou com pessoas estranhas;
IV – não observar o disposto no art. 34.

Art. 42. O gabarito oficial da prova objetiva será publicado, no máximo, 3 (três) dias após a realização da prova, no Diário Oficial, no endereço eletrônico do tribunal e, se for o caso, no da instituição especializada executora.
Parágrafo único. Nos 2 (dois) dias seguintes à publicação do resultado do gabarito da prova objetiva seletiva no Diário Oficial, o candidato poderá requerer vista da prova e, em igual prazo, a contar do término da vista, apresentar recurso dirigido à Comissão de Concurso.

Art. 43. Será considerado habilitado, na prova objetiva seletiva, o candidato que obtiver o mínimo de 30% (trinta por cento) de acerto das questões em cada bloco e média final de 60% (sessenta por cento) de acertos do total referente à soma algébrica das notas dos três blocos.

Art. 44. Classificar-se-ão para a segunda etapa:
I – nos concursos de até 1.500 (mil e quinhentos) inscritos, os 200 (duzentos) candidatos que obtiverem as maiores notas após o julgamento dos recursos;
II – nos concursos que contarem com mais de 1.500 (mil e quinhentos) inscritos, os 300 (trezentos) candidatos que obtiverem as maiores notas após o julgamento dos recursos.

§1º Todos os candidatos empatados na última posição de classificação serão admitidos às provas escritas, mesmo que ultrapassem o limite previsto no "caput".
§2º O redutor previsto nos incisos I e II não se aplica aos candidatos que concorram às vagas destinadas às pessoas com deficiência, as quais serão convocadas para a segunda etapa do certame em lista específica, desde que hajam obtido a nota mínima exigida para todos os outros candidatos, sem prejuízo dos demais 200 (duzentos) ou 300 (trezentos) primeiros classificados, conforme o caso.
Art. 45. Apurados os resultados da prova objetiva seletiva e identificados os candidatos que lograram classificar-se, o presidente da Comissão de Concurso fará publicar edital com a relação dos habilitados a submeterem-se à segunda etapa do certame.

Capítulo V
Da Segunda Etapa do Concurso

Seção I
Das Provas

Art. 46. A segunda etapa do concurso será composta de 2 (duas) provas escritas, podendo haver consulta à legislação desacompanhada de anotação ou comentário, vedada a consulta a obras doutrinárias, súmulas e orientação jurisprudencial.
Parágrafo único. Durante a realização das provas escritas, a Comissão Examinadora permanecerá reunida em local previamente divulgado para dirimir dúvidas porventura suscitadas.
Art. 47. A primeira prova escrita será discursiva e consistirá:
I – de questões relativas a noções gerais de Direito e formação humanística previstas no Anexo VI;
II – de questões sobre quaisquer pontos do programa específico do respectivo ramo do Poder Judiciário nacional.
Art. 48. Cabe a cada tribunal definir os critérios de aplicação e de aferição da prova discursiva, explicitando-os no edital.
Parágrafo único. A Comissão Examinadora deverá considerar, em cada questão, o conhecimento sobre o tema, a utilização correta do idioma oficial e a capacidade de exposição.

Art. 49. A segunda prova escrita será prática de sentença, envolvendo temas jurídicos constantes do programa, e consistirá:
I – na Justiça Federal e na Justiça estadual, na elaboração, em dias sucessivos, de 2 (duas) sentenças, de natureza civil e criminal;
II – na Justiça do Trabalho, na elaboração de 1 (uma) sentença trabalhista;
III – na Justiça Militar da União e na Justiça Militar estadual, de lavratura de sentença criminal.
Parágrafo único. Em qualquer prova considerar-se-á também o conhecimento do vernáculo.

Seção II
Dos Procedimentos

Art. 50. Com antecedência mínima de 15 (quinze) dias, o presidente da Comissão de Concurso convocará, por edital, os candidatos aprovados para realizar as provas escritas em dia, hora e local determinados, nos termos do edital.
Art. 51. O tempo mínimo de duração de cada prova será de 4 (quatro) horas.
Art. 52. As provas escritas da segunda etapa do concurso realizar-se-ão em dias distintos, preferencialmente nos finais de semana.
Art. 53. As provas escritas serão manuscritas, com utilização de caneta de tinta azul ou preta indelével, de qualquer espécie, vedado o uso de líquido corretor de texto ou caneta hidrográfica fluorescente.
§1º As questões serão entregues aos candidatos já impressas, não se permitindo esclarecimentos sobre o seu enunciado ou sobre o modo de resolvê-las.
§2º A correção das provas dar-se-á sem identificação do nome do candidato.
§3º A correção da prova prática de sentença dependerá da aprovação do candidato na prova discursiva.
Art. 54. A nota final de cada prova será atribuída entre 0 (zero) e 10 (dez).
Parágrafo único. Na prova de sentença, se mais de uma for exigida, exigir-se-á, para a aprovação, nota mínima de 6 (seis) em cada uma delas.
Art. 55. A identificação das provas e a divulgação das notas serão feitas em

sessão pública no tribunal, pela Comissão de Concurso, para a qual se convocarão os candidatos, com antecedência mínima de 48 (quarenta e oito) horas, mediante edital veiculado no Diário Oficial e na página do tribunal na rede mundial de computadores.

Art. 56. Apurados os resultados de cada prova escrita, o presidente da Comissão de Concurso mandará publicar edital no Diário Oficial contendo a relação dos aprovados.

Parágrafo único. Nos 2 (dois) dias seguintes à publicação, o candidato poderá requerer vista da prova e, em igual prazo, a contar do término da vista, apresentar recurso dirigido à respectiva Comissão Examinadora.

Art. 57. Julgados os eventuais recursos, o presidente da Comissão de Concurso publicará edital de convocação dos candidatos habilitados a requerer a inscrição definitiva, que deverá ser feita no prazo de 15 (quinze) dias úteis, nos locais indicados.

Parágrafo único.[8] Qualquer cidadão poderá representar contra os candidatos habilitados a requerer a inscrição definitiva, até o término do prazo desta, assegurados o contraditório e a ampla defesa.

Capítulo VI
Da Terceira Etapa

Seção I
Da Inscrição Definitiva

Art. 58. Requerer-se-á a inscrição definitiva ao presidente da Comissão de Concurso, mediante preenchimento de formulário próprio, entregue na secretaria do concurso.
§1º O pedido de inscrição, assinado pelo candidato, será instruído com:
a) cópia autenticada de diploma de bacharel em Direito, devidamente registrado pelo Ministério da Educação;
b) certidão ou declaração idônea que comprove haver completado, à data da inscrição definitiva, 3 (três) anos de atividade jurídica, efetivo exercício da advocacia ou de cargo, emprego ou função, exercida após a obtenção do grau de bacharel em Direito;
c) cópia autenticada de documento que comprove a quitação de obrigações concernentes ao serviço militar, se do sexo masculino;
d) cópia autenticada de título de eleitor e de documento que comprove estar o candidato em dia com as obrigações eleitorais ou certidão negativa da Justiça Eleitoral;
e) certidão dos distribuidores criminais das Justiças Federal, Estadual ou do Distrito Federal e Militar dos lugares em que haja residido nos últimos 5 (cinco) anos;
f) folha de antecedentes da Polícia Federal e da Polícia Civil Estadual ou do Distrito Federal, onde haja residido nos últimos 5 (cinco) anos;
g) os títulos definidos no art. 67;
h) declaração firmada pelo candidato, com firma reconhecida, da qual conste nunca haver sido indiciado em inquérito policial ou processado criminalmente ou, em caso contrário, notícia específica da ocorrência, acompanhada dos esclarecimentos pertinentes;
i) formulário fornecido pela Comissão de Concurso, em que o candidato especificará as atividades jurídicas desempenhadas, com exata indicação dos períodos e locais de sua prestação bem como as principais autoridades com quem haja atuado em cada um dos períodos de prática profissional, discriminados em ordem cronológica;
j) certidão da Ordem dos Advogados do Brasil com informação sobre a situação do candidato advogado perante a instituição.
§2º Os postos designados para o recebimento dos pedidos de inscrição definitiva encaminharão ao presidente da Comissão de Concurso os pedidos, com a respectiva documentação.

Art. 59. Considera-se atividade jurídica, para os efeitos do art. 58, §1º, alínea "i":
I – aquela exercida com exclusividade por bacharel em Direito;
II – o efetivo exercício de advocacia, inclusive voluntária, mediante a participação anual mínima em 5 (cinco) atos privativos de advogado (Lei nº 8.906, 4 de julho de 1994, art. 1º) em causas ou questões distintas;
III – o exercício de cargos, empregos ou funções, inclusive de magistério superior, que exija a utilização preponderante de conhecimento jurídico;
IV – o exercício da função de conciliador junto a tribunais judiciais, juizados especiais,

varas especiais, anexos de juizados especiais ou de varas judiciais, no mínimo por 16 (dezesseis) horas mensais e durante 1 (um) ano;
V – o exercício da atividade de mediação ou de arbitragem na composição de litígios.
§1º É vedada, para efeito de comprovação de atividade jurídica, a contagem do estágio acadêmico ou qualquer outra atividade anterior à obtenção do grau de bacharel em Direito.
§2º A comprovação do tempo de atividade jurídica relativamente a cargos, empregos ou funções não privativos de bacharel em Direito será realizada mediante certidão circunstanciada, expedida pelo órgão competente, indicando as respectivas atribuições e a prática reiterada de atos que exijam a utilização preponderante de conhecimento jurídico, cabendo à Comissão de Concurso, em decisão fundamentada, analisar a validade do documento.

Seção II
Dos Exames de Sanidade Física e Mental e Psicotécnico

Art. 60. O candidato, no ato de apresentação da inscrição definitiva, receberá, da secretaria do concurso, instruções para submeter-se aos exames de saúde e psicotécnico, por ele próprio custeados.
§1º Os exames de saúde destinam-se a apurar as condições de higidez física e mental do candidato. O exame psicotécnico avaliará as condições psicológicas do candidato, devendo ser realizado por médico psiquiatra ou por psicólogo.
§2º O candidato fará os exames de saúde e psicotécnico com profissional do próprio tribunal ou por ele indicado, que encaminhará laudo à Comissão de Concurso.
§3º Os exames de que trata o "caput" não poderão ser realizados por profissionais que tenham parente até o terceiro grau dentre os candidatos.

Seção III
Da Sindicância da Vida Pregressa e Investigação Social

Art. 61. O presidente da Comissão de Concurso encaminhará ao órgão competente do tribunal os documentos mencionados no §1º do art. 58, com exceção dos títulos, a fim de que se proceda à sindicância da vida pregressa e investigação social dos candidatos.
Art. 62. O presidente da Comissão de Concurso poderá ordenar ou repetir diligências sobre a vida pregressa, investigação social, exames de saúde e psicotécnico, bem como convocar o candidato para submeter-se a exames complementares.

Seção IV
Do Deferimento da Inscrição Definitiva e Convocação para Prova Oral

Art. 63. O presidente da Comissão de Concurso fará publicar edital com a relação dos candidatos cuja inscrição definitiva haja sido deferida, ao tempo em que os convocará para realização do sorteio dos pontos para prova oral bem como para realização das arguições.

Capítulo VII
Da Quarta Etapa

Art. 64. A prova oral será prestada em sessão pública, na presença de todos os membros da Comissão Examinadora, vedado o exame simultâneo de mais de um candidato.
Parágrafo único. Haverá registro em gravação de áudio ou por qualquer outro meio que possibilite a sua posterior reprodução.
Art. 65. Os temas e disciplinas objeto da prova oral são os concernentes à segunda etapa do concurso (art. 47), cabendo à Comissão Examinadora agrupá-los, a seu critério, para efeito de sorteio, em programa específico.
§1º O programa específico será divulgado no sítio eletrônico do Tribunal até 5 (cinco) dias antes da realização da prova oral.
§2º Far-se-á sorteio público de ponto para cada candidato com a antecedência de 24 (vinte e quatro) horas.
§3º A arguição do candidato versará sobre conhecimento técnico acerca dos temas relacionados ao ponto sorteado, cumprindo à Comissão avaliar-lhe o domínio do conhecimento jurídico, a adequação da linguagem, a articulação do raciocínio,

a capacidade de argumentação e o uso correto do vernáculo.

§4º A ordem de arguição dos candidatos definir-se-á por sorteio, no dia e hora marcados para início da prova oral.

§5º Cada examinador disporá de até 15 (quinze) minutos para a arguição do candidato, atribuindo-lhe nota na escala de 0 (zero) a 10 (dez). Durante a arguição, o candidato poderá consultar códigos ou legislação esparsa não comentados ou anotados, a critério da Comissão Examinadora.

§6º A nota final da prova oral será o resultado da média aritmética simples das notas atribuídas pelos examinadores.

§7º Recolher-se-ão as notas em envelope, que será lacrado e rubricado pelos examinadores imediatamente após o término da prova oral.

§8º Os resultados das provas orais serão divulgados e publicados pelo presidente da Comissão de Concurso no prazo fixado pelo edital.

§9º Considerar-se-ão aprovados e habilitados para a próxima etapa os candidatos que obtiverem nota não inferior a 6 (seis).

Capítulo VIII
Da Quinta Etapa

Art. 66. Após a publicação do resultado da prova oral, a Comissão de Concurso avaliará os títulos dos candidatos aprovados.

§1º A comprovação dos títulos far-se-á no momento da inscrição definitiva, considerados para efeito de pontuação os obtidos até então.

§2º É ônus do candidato produzir prova documental idônea de cada título, não se admitindo a concessão de dilação de prazo para esse fim.

Art. 67. Constituem títulos:

I – exercício de cargo, emprego ou função pública privativa de bacharel em Direito pelo período mínimo de 1 (um) ano:
a) Judicatura (Juiz): até 3 (três) anos – 2,0; acima de 3 (três) anos – 2,5;
b) Pretor, Ministério Público, Defensoria Pública, Advocacia-Geral da União, Procuradoria (Procurador) de qualquer órgão ou entidade da Administração Pública direta ou indireta de qualquer dos Poderes da União, dos Estados, do Distrito Federal e dos Municípios: até 3 (três) anos – 1,5; acima de 3 (três) anos – 2,0;

II – exercício do Magistério Superior na área jurídica pelo período mínimo de 5 (cinco) anos:
a) mediante admissão no corpo docente por concurso ou processo seletivo público de provas e/ou títulos (1,5);
b) mediante admissão no corpo docente sem concurso ou processo seletivo público de provas e/ou títulos (0,5);

III – exercício de outro cargo, emprego ou função pública privativa de bacharel em Direito não previsto no inciso I, pelo período mínimo de 1 (um) ano:
a) mediante admissão por concurso: até 3 (três) anos – 0,5; acima de 3 (três) anos –1,0;
b) mediante admissão sem concurso: até 3 (três) anos – 0,25; acima de 3 (três) anos – 0,5;

IV – exercício efetivo da advocacia pelo período mínimo de 3 (três) anos: até 5 (cinco) anos –0,5; entre 5 (cinco) e 8 (oito) anos – 1,0; acima de 8 (oito) anos – 1,5;

V – aprovação em concurso público, desde que não tenha sido utilizado para pontuar no inciso I:
a) Judicatura (Juiz/Pretor), Ministério Público, Defensoria Pública, Advocacia-Geral da União, Procuradoria (Procurador) de qualquer órgão ou entidade da Administração Pública direta ou indireta de qualquer dos Poderes da União, dos Estados, do Distrito Federal e dos Municípios: 0,5;
b) outro concurso público para cargo, emprego ou função privativa de bacharel em Direito não constante do subitem V, "a": 0,25;

VI – diplomas em Cursos de Pós-Graduação:
a) Doutorado reconhecido ou revalidado: em Direito ou em Ciências Sociais ou Humanas – 2,0;
b) Mestrado reconhecido ou revalidado: em Direito ou em Ciências Sociais ou Humanas – 1,5;
c) Especialização em Direito, na forma da legislação educacional em vigor, com carga horária mínima de trezentos e sessenta (360) horas-aula, cuja avaliação haja considerado monografia de final de curso: 0,5;

VII – graduação em qualquer curso superior reconhecido ou curso regular de

preparação à Magistratura ou ao Ministério Público, com duração mínima de 1 (um) ano, carga horária mínima de 720 (setecentas e vinte) horas-aula, frequência mínima de setenta e cinco por cento (75%) e nota de aproveitamento: 0,5;
VIII – curso de extensão sobre matéria jurídica de mais de cem (100) horas-aula, com nota de aproveitamento ou trabalho de conclusão de curso e frequência mínima de setenta e cinco por cento (75%): 0,25;
IX – publicação de obras jurídicas:
a) livro jurídico de autoria exclusiva do candidato com apreciável conteúdo jurídico: 0,75;
b) artigo ou trabalho publicado em obra jurídica coletiva ou revista jurídica especializada, com conselho editorial, de apreciável conteúdo jurídico: 0,25;
X – láurea universitária no curso de Bacharelado em Direito: 0,5;
XI – participação em banca examinadora de concurso público para o provimento de cargo da magistratura, Ministério Público, Advocacia Pública, Defensoria Pública ou de cargo de docente em instituição pública de ensino superior: 0,75;
XII – exercício, no mínimo durante 1 (um) ano, das atribuições de conciliador nos juizados especiais, ou na prestação de assistência jurídica voluntária: 0,5;
§1º A pontuação atribuída a cada título considera-se máxima, devendo o edital do concurso fixá-la objetivamente.
§2º De acordo com o gabarito previsto para cada título, os membros da Comissão de Concurso atribuirão ao candidato nota de 0 (zero) a 10 (dez) pontos, sendo esta a nota máxima, ainda que a pontuação seja superior.
Art. 68. Não constituirão títulos:
I – a simples prova de desempenho de cargo público ou função eletiva;
II – trabalhos que não sejam de autoria exclusiva do candidato;
III – atestados de capacidade técnico-jurídica ou de boa conduta profissional;
IV – certificado de conclusão de cursos de qualquer natureza, quando a aprovação do candidato resultar de mera frequência;
V – trabalhos forenses (sentenças, pareceres, razões de recursos, etc.).
Art. 69. Nos 2 (dois) dias seguintes à publicação do resultado da avaliação dos títulos no Diário Oficial, o candidato poderá requerer vista e apresentar recurso.

Capítulo IX
Dos Recursos

Art. 70. O candidato poderá interpor recurso, sem efeito suspensivo, no prazo de 2 (dois) dias úteis, contado do dia imediatamente seguinte ao da publicação do ato impugnado.
§1º É irretratável em sede recursal a nota atribuída na prova oral.
§2º O recurso será dirigido ao presidente da Comissão de Concurso, nos locais determinados no edital, incumbindo-lhe, em 48 (quarenta e oito) horas, submetê-lo à Comissão de Concurso ou à Comissão Examinadora.
§3º O candidato identificará somente a petição de interposição, vedada qualquer identificação nas razões do recurso, sob pena de não conhecimento do recurso.
Art. 71. Os recursos interpostos serão protocolados após numeração aposta pela Secretaria, distribuindo-se à Comissão respectiva somente as razões do recurso, retida pelo Secretário a petição de interposição.
Parágrafo único. A fundamentação é pressuposto para o conhecimento do recurso, cabendo ao candidato, em caso de impugnar mais de uma questão da prova, expor seu pedido e respectivas razões de forma destacada, para cada questão recorrida.
Art. 72. A Comissão, convocada especialmente para julgar os recursos, reunir-se-á em sessão pública e, por maioria de votos, decidirá pela manutenção ou pela reforma da decisão recorrida.
Parágrafo único. Cada recurso será distribuído por sorteio e, alternadamente, a um dos membros da Comissão, que funcionará como relator, vedado o julgamento monocrático.

Capítulo X
Da Reserva de Vagas para Pessoas com Deficiência

Art. 73. As pessoas com deficiência que declararem tal condição, no momento da inscrição preliminar, terão reservados, no mínimo, 5% (cinco por cento) do total das vagas, vedado o arredondamento superior.

§1º[9] Para efeitos de reserva de vaga, consideram-se pessoas com deficiência aquelas que se amoldam nas categorias discriminadas no art. 4º do Decreto 3.298, de 20 de dezembro de 1999.

§2º[10] A avaliação sobre a compatibilidade da deficiência com a função judicante deve ser empreendida no estágio probatório a que se submete o candidato aprovado no certame (NR).

Art. 74. Além das exigências comuns a todos os candidatos para a inscrição no concurso, o candidato com deficiência deverá, no ato de inscrição preliminar:

I – em campo próprio da ficha de inscrição, declarar a opção por concorrer às vagas destinadas a pessoas com deficiência, conforme edital, bem como juntar atestado médico que comprove a deficiência alegada e que contenha a espécie, o grau ou nível da deficiência de que é portador, a CID (Classificação Internacional de Doenças) e a provável causa dessa deficiência.

II – preencher outras exigências ou condições constantes do edital de abertura do concurso.

§1º A data de emissão do atestado médico referido no inciso I deste artigo deverá ser de, no máximo, 30 (trinta) dias antes da data de publicação do edital de abertura do concurso.

§2º A não apresentação, no ato de inscrição, de qualquer um dos documentos especificados no inciso I, bem como o não atendimento das exigências ou condições referidas no inciso II, ambos do caput, implicará o indeferimento do pedido de inscrição no sistema de reserva de vaga de que trata o presente Capítulo, passando o candidato automaticamente a concorrer às vagas com os demais inscritos não portadores de deficiência, desde que preenchidos os outros requisitos previstos no edital.

Art. 75.[11] O candidato com deficiência submeter-se-á, em dia e hora designados pela Comissão de Concurso, sempre antes da prova objetiva seletiva, à avaliação de Comissão Multiprofissional quanto à existência e relevância da deficiência, para os fins previstos nesta Resolução (NR).

§1º A Comissão Multiprofissional, designada pela Comissão de Concurso, será composta por 2 (dois) médicos, 1 (um) representante da Ordem dos Advogados do Brasil e 2 (dois) membros do tribunal, cabendo ao mais antigo destes presidi-la.

§2º[12] A comissão Multiprofissional, necessariamente até 3 (três) dias antes da data fixada para a realização da prova objetiva seletiva, proferirá decisão terminativa sobre a qualificação do candidato como deficiente e sobre os pedidos de condições especiais para a realização das provas (NR).

§3º A seu juízo, a Comissão Multiprofissional poderá solicitar parecer de profissionais capacitados na área da deficiência que estiver sendo avaliada, os quais não terão direito a voto.

§4º Concluindo a Comissão Multiprofissional pela inexistência da deficiência ou por sua insuficiência, passará o candidato a concorrer às vagas não reservadas.

Art. 76. Os candidatos com deficiência participarão do concurso em igualdade de condições com os demais candidatos no que tange ao conteúdo, avaliação, horário e local de aplicação das provas, podendo haver ampliação do tempo de duração das provas em até 60 (sessenta) minutos.

§1º Os candidatos com deficiência que necessitarem de alguma condição ou atendimento especial para a realização das provas deverão formalizar pedido, por escrito, até a data de encerramento da inscrição preliminar, a fim de que sejam tomadas as providências cabíveis, descartada, em qualquer hipótese, a realização das provas em local distinto daquele indicado no edital.

§2º Adotar-se-ão todas as providências que se façam necessárias a permitir o fácil acesso de candidatos com deficiência aos locais de realização das provas, sendo de responsabilidade daqueles, entretanto, trazer os equipamentos e instrumentos imprescindíveis à feitura das provas, previamente autorizados pelo tribunal.

Art. 77. A cada etapa a Comissão de Concurso fará publicar, além da lista geral de aprovados, listagem composta exclusivamente dos candidatos com deficiência que alcançarem a nota mínima exigida.

Parágrafo único. As vagas não preenchidas reservadas aos candidatos com deficiência serão aproveitadas pelos demais candidatos habilitados, em estrita observância da ordem de classificação no concurso.

Art. 78. A classificação de candidatos com deficiência obedecerá aos mesmos critérios adotados para os demais candidatos.

Art. 79. A publicação do resultado final do concurso será feita em 2 (duas) listas, contendo, a primeira, a pontuação de todos os candidatos, inclusive a dos com deficiência, e, a segunda, somente a pontuação destes últimos, os quais serão chamados na ordem das vagas reservadas às pessoas com deficiência.

Art. 80. O grau de deficiência de que for portador o candidato ao ingressar na magistratura não poderá ser invocado como causa de aposentadoria por invalidez.

Capítulo XI
Das Disposições Finais

Art. 81. As sessões públicas para identificação e divulgação dos resultados das provas serão realizadas na sede do tribunal que realiza o concurso.

Art. 82. Não haverá, sob nenhum pretexto:
I – devolução de taxa de inscrição em caso de desistência voluntária;
II – publicação das razões de indeferimento de inscrição e de eliminação de candidato.

Art. 83. Correrão por conta exclusiva do candidato quaisquer despesas decorrentes da participação em todas as etapas e procedimentos do concurso de que trata esta Resolução, tais como gastos com documentação, material, exames, viagem, alimentação, alojamento, transporte ou ressarcimento de outras despesas.

Art. 84. Os tribunais suportarão as despesas da realização do concurso.

Art. 85. Durante a realização das provas, o candidato, sob pena de eliminação, não poderá utilizar-se de telefone celular, "pager" ou qualquer outro meio eletrônico de comunicação, bem como de computador portátil, inclusive "palms" ou similares, e máquina datilográfica dotada de memória.

Art. 86. As embalagens contendo os cadernos de provas preparadas para aplicação serão lacradas e rubricadas pelo Secretário do Concurso, cabendo igual responsabilidade, se for o caso, ao representante legal da instituição especializada contratada ou conveniada para a prova objetiva seletiva.

Art. 87. A inviolabilidade do sigilo das provas será comprovada no momento de romper-se o lacre dos malotes, mediante termo formal e na presença de, no mínimo, 2 (dois) candidatos nos locais de realização da prova.

Art. 88. Os casos omissos serão resolvidos pela Comissão de Concurso.

Art. 89. Esta Resolução entra em vigor na data de sua publicação, não alcançando os concursos em andamento.

Art. 90. Fica revogada a Resolução nº 11/CNJ, de 31 de janeiro de 2006, assegurado o cômputo de atividade jurídica decorrente da conclusão, com frequência e aproveitamento, de curso de pós-graduação comprovadamente iniciado antes da entrada em vigor da presente Resolução.
Brasília, 12 de maio 2009.

Ministro GILMAR MENDES

---

* Texto consolidado conforme deliberado pelo Plenário do Conselho Nacional de Justiça na 109ª Sessão Ordinária, de 03 de agosto de 2010, no julgamento do processo Ato Normativo 0003622-68.2010.2.00.0000.
[1] Redação dada pelo Plenário do Conselho Nacional de Justiça, na 109ª Sessão Ordinária, de 03 de agosto de 2010, no julgamento do processo Ato Normativo 0003622-68.2010.2.00.0000.
[2] Redação dada pelo Plenário do Conselho Nacional de Justiça, na 109ª Sessão Ordinária, de 03 de agosto de 2010, no julgamento do processo Ato Normativo 0003622-68.2010.2.00.0000.
[3] Redação dada pelo Plenário do Conselho Nacional de Justiça, na 109ª Sessão Ordinária, de 03 de agosto de 2010, no julgamento do processo Ato Normativo 0003622-68.2010.2.00.0000.
[4] Redação dada pelo Plenário do Conselho Nacional de Justiça, na 109ª Sessão Ordinária, de 03 de agosto de 2010, no julgamento do processo Ato Normativo 0003622-68.2010.2.00.0000.

ANEXO I

RELAÇÃO MÍNIMA DE DISCIPLINAS DO CONCURSO PARA PROVIMENTO DO CARGO DE JUIZ FEDERAL SUBSTITUTO DA JUSTIÇA FEDERAL
Direito Constitucional;
Direito Previdenciário;
Direito Penal;
Direito Processual Penal;
Direito Econômico e de Proteção ao Consumidor.
Direito Civil;
Direito Processual Civil;
Direito Empresarial;
Direito Financeiro e Tributário.

BLOCOS DE DISCIPLINAS PARA AS QUESTÕES DA PROVA OBJETIVA SELETIVA DA JUSTIÇA FEDERAL

BLOCO UM
Direito Constitucional;
Direito Previdenciário;
Direito Penal;
Direito Processual Penal;
Direito Econômico e de Proteção ao Consumidor.

BLOCO DOIS
Direito Civil;
Direito Processual Civil;
Direito Empresarial;
Direito Financeiro e Tributário.

BLOCO TRÊS
Direito Administrativo;
Direito Ambiental;
Direito Internacional Público e Privado.

ANEXO II

RELAÇÃO MÍNIMA DE DISCIPLINAS DO CONCURSO PARA PROVIMENTO DO CARGO DE JUIZ DO TRABALHO SUBSTITUTO DA JUSTIÇA DO TRABALHO
Direito Individual e Coletivo do Trabalho;
Direito Administrativo;
Direito Penal;
Direito Processual do Trabalho;
Direito Constitucional;
Direito Civil;
Direito Processual Civil;
Direito Internacional e Comunitário;
Direito Previdenciário;

---

[5] Redação dada pelo Plenário do Conselho Nacional de Justiça, na 109ª Sessão Ordinária, de 03 de agosto de 2010, no julgamento do processo Ato Normativo 0003622-68.2010.2.00.0000

[6] Redação dada pelo Plenário do Conselho Nacional de Justiça, na 109ª Sessão Ordinária, de 03 de agosto de 2010, no julgamento do processo Ato Normativo 0003622-68.2010.2.00.0000

[7] Redação dada pelo Plenário do Conselho Nacional de Justiça, na 109ª Sessão Ordinária, de 03 de agosto de 2010, no julgamento do processo Ato Normativo 0003622-68.2010.2.00.0000.

[8] Redação dada pelo Plenário do Conselho Nacional de Justiça, na 109ª Sessão Ordinária, de 03 de agosto de 2010, no julgamento do processo Ato Normativo 0003622-68.2010.2.00.0000.

[9] Redação dada pelo Plenário do Conselho Nacional de Justiça, na 109ª Sessão Ordinária, de 03 de agosto de 2010, no julgamento do processo Ato Normativo 0003622-68.2010.2.00.0000.

[10] Redação dada pelo Plenário do Conselho Nacional de Justiça, na 109ª Sessão Ordinária, de 03 de agosto de 2010, no julgamento do processo Ato Normativo 0003622-68.2010.2.00.0000.

[11] Redação dada pelo Plenário do Conselho Nacional de Justiça, na 109ª Sessão Ordinária, de 03 de agosto de 2010, no julgamento do processo Ato Normativo 0003622-68.2010.2.00.0000.

[12] Redação dada pelo Plenário do Conselho Nacional de Justiça, na 109ª Sessão Ordinária, de 03 de agosto de 2010, no julgamento do processo Ato Normativo 0003622-68.2010.2.00.0000

Direito Empresarial.
Direito da Criança e do Adolescente

BLOCOS DE DISCIPLINAS PARA AS QUESTÕES DA PROVA OBJETIVA SELETIVA DA JUSTIÇA DO TRABALHO

BLOCO UM
Direito Individual e Coletivo do Trabalho;
Direito Administrativo;
Direito Penal;

BLOCO DOIS
Direito Processual do Trabalho;
Direito Constitucional;
Direito Civil;
Direito da Criança e do Adolescente

BLOCO TRÊS
Direito Processual Civil;
Direito Internacional e Comunitário;
Direito Previdenciário;
Direito Empresarial.

ANEXO III

RELAÇÃO MÍNIMA DE DISCIPLINAS DO CONCURSO PARA PROVIMENTO DO CARGO DE JUIZ AUDITOR MILITAR SUBSTITUTO DA JUSTIÇA MILITAR DA UNIÃO
Direito Penal Militar e Direito Internacional Humanitário;
Direito Constitucional e Direitos Humanos;
Processo Penal Militar e Organização Judiciária Militar;
Forças Armadas, Legislação Básica: Organização, Disciplina e Administração;
Direito Administrativo.

BLOCO UM
Direito Penal Militar e Direito Internacional Humanitário;

BLOCO DOIS
Direito Constitucional e Direitos Humanos;
Processo Penal Militar e Organização Judiciária Militar;

BLOCO TRÊS
Forças Armadas, Legislação Básica: Organização, Disciplina e Administração;
Direito Administrativo.

ANEXO IV

RELAÇÃO MÍNIMA DE DISCIPLINAS DO CONCURSO PARA PROVIMENTO DO CARGO DE JUIZ DE DIREITO SUBSTITUTO DA JUSTIÇA ESTADUAL, DO DISTRITO FEDERAL E TERRITÓRIOS
Direito Civil;
Direito Processual Civil;
Direito Eleitoral;
Direito Ambiental;
Direito do Consumidor;
Direito da Criança e do Adolescente;
Direito Penal;
Direito Processual Penal;

Direito Constitucional;
Direito Empresarial;
Direito Tributário;
Direito Administrativo.

BLOCOS DE DISCIPLINAS PARA AS QUESTÕES DA PROVA OBJETIVA SELETIVA DA JUSTIÇA ESTADUAL E DO DISTRITO FEDERAL E TERRITÓRIOS

BLOCO UM
Direito Civil;
Direito Processual Civil;
Direito do Consumidor
Direito da Criança e do Adolescente

BLOCO DOIS
Direito Penal;
Direito Processual Penal;
Direito Constitucional;
Direito Eleitoral;

BLOCO TRÊS
Direito Empresarial;
Direito Tributário;
Direito Ambiental;
Direito Administrativo.

ANEXO V

RELAÇÃO MÍNIMA DE DISCIPLINAS DO CONCURSO PARA PROVIMENTO DO CARGO DE JUIZ-AUDITOR SUBSTITUTO DA JUSTIÇA MILITAR ESTADUAL
Direito Penal Militar
Direito Constitucional
Direito Processual Penal Militar
Direito Administrativo
Organização Judiciária Militar
Legislação Federal e Estadual relativa às organizações militares do Estado

BLOCOS DE DISCIPLINAS PARA AS QUESTÕES DA PROVA OBJETIVA SELETIVA DA JUSTIÇA MILITAR ESTADUAL

BLOCO UM
Direito Penal Militar
Direito Constitucional

BLOCO DOIS
Direito Processual Penal Militar
Direito Administrativo

BLOCO TRÊS
Organização Judiciária Militar
Legislação Federal e Estadual relativa às organizações militares do Estado

ANEXO VI

NOÇÕES GERAIS DE DIREITO E FORMAÇÃO HUMANÍSTICA
A) SOCIOLOGIA DO DIREITO
1 – Introdução à sociologia da administração judiciária. Aspectos gerenciais da atividade judiciária (administração e economia). Gestão. Gestão de pessoas.
2 – Relações sociais e relações jurídicas. Controle social e o Direito. Transformações sociais e Direito.
3 – Direito, Comunicação Social e opinião pública.
4 – Conflitos sociais e mecanismos de resolução. Sistemas não-judiciais de composição de litígios.
B) PSICOLOGIA JUDICIÁRIA
1 – Psicologia e Comunicação: relacionamento interpessoal, relacionamento do magistrado com a sociedade e a mídia.

2 – Problemas atuais da psicologia com reflexos no direito: assédio moral e assédio sexual.
3 – Teoria do conflito e os mecanismos autocompositivos. Técnicas de negociação e mediação. Procedimentos, posturas, condutas e mecanismos aptos a obter a solução conciliada dos conflitos.
4 – O processo psicológico e a obtenção da verdade judicial. O comportamento de partes e testemunhas.
C) ÉTICA E ESTATUTO JURÍDICO DA MAGISTRATURA NACIONAL
1 – Regime jurídico da magistratura nacional: carreiras, ingresso, promoções, remoções.
2 – Direitos e deveres funcionais da magistratura.
3 – Código de Ética da Magistratura Nacional.

4 – Sistemas de controle interno do Poder Judiciário: Corregedorias, Ouvidorias, Conselhos Superiores e Conselho Nacional de Justiça
5 – Responsabilidade administrativa, civil e criminal dos magistrados.
6 – Administração judicial. Planejamento estratégico. Modernização da gestão.
D) FILOSOFIA DO DIREITO
1- O conceito de Justiça. Sentido lato de Justiça, como valor universal. Sentido estrito de Justiça, como valor jurídico-político. Divergências sobre o conteúdo do conceito.
2 – O conceito de Direito. Equidade. Direito e Moral.
3 – A interpretação do Direito. A superação dos métodos de interpretação mediante puro raciocínio lógico-dedutivo. O método de interpretação pela lógica do razoável.
E) TEORIA GERAL DO DIREITO E DA POLÍTICA
1 – Direito objetivo e direito subjetivo.
2 – Fontes do Direito objetivo. Princípios gerais de Direito. Jurisprudência. Súmula vinculante.
3 – Eficácia da lei no tempo. Conflito de normas jurídicas no tempo e o Direito brasileiro: Direito Penal, Direito Civil, Direito Constitucional e Direito do Trabalho.
4 – O conceito de Política. Política e Direito.
5 – Ideologias.
6 – A Declaração Universal dos Direitos do Homem (ONU).

Resolução nº 106, de 6 de Abril de 2010

Dispõe sobre os critérios objetivos para aferição do merecimento para promoção de magistrados e acesso aos Tribunais de 2º grau.

O PRESIDENTE DO CONSELHO NACIONAL DE JUSTIÇA, no uso de suas atribuições constitucionais e regimentais, e CONSIDERANDO que compete ao Conselho Nacional de Justiça expedir atos regulamentares para cumprimento do Estatuto da Magistratura e para o controle da atividade administrativa do Poder Judiciário, nos termos do 103-B, §4º, I, da Constituição;
CONSIDERANDO o disposto no art. 93, II, "b", "c" e "e", da Constituição Federal, que estabelece as condições para promoção por merecimento na carreira da magistratura e a necessidade de se adotarem critérios objetivos para a avaliação do merecimento;
CONSIDERANDO a necessidade de objetivar de forma mais específica os critérios de merecimento para promoção mencionados na Resolução nº 6 deste Conselho;
CONSIDERANDO o deliberado pelo Plenário do Conselho Nacional de Justiça na sua 102ª Sessão Ordinária, realizada em 6 de abril de 2010, nos autos do ATO nº 2009.10.00.002038-0;
R E S O L V E:

Art. 1º As promoções por merecimento de magistrados em 1º grau e o acesso para o 2º grau serão realizadas em sessão pública, em votação nominal, aberta e fundamentada, observadas as prescrições legais e as normas internas não conflitantes com esta resolução, iniciando-se pelo magistrado votante mais antigo.
§1º A promoção deverá ser realizada até 40 (quarenta) dias da abertura da vaga, cuja declaração se fará nos dez dias subseqüentes ao seu fato gerador.
§2º O prazo para abertura da vaga poderá ser prorrogado uma única vez, por igual prazo, mediante justificativa fundamentada da Presidência do Tribunal.
Art. 2º O magistrado interessado na promoção dirigirá requerimento ao Presidente do Tribunal de 2º grau no prazo de inscrição previsto no edital de abertura do respectivo procedimento.
Parágrafo único. Salvo em relação ao art. 9º desta Resolução, as demais condições e elementos de avaliação serão levadas em consideração até à data de inscrição para concorrência à vaga.
Art. 3º São condições para concorrer à promoção e ao acesso aos tribunais de 2º grau, por merecimento:
I – contar o juiz com no mínimo 2 (dois) anos de efetivo exercício, devidamente comprovados, no cargo ou entrância;
II – figurar na primeira quinta parte da lista de antiguidade aprovada pelo respectivo Tribunal;
III – não retenção injustificada de autos além do prazo legal.
IV – não haver o juiz sido punido, nos últimos doze meses, em processo disciplinar, com pena igual ou superior à de censura.
§1º Não havendo na primeira quinta parte quem tenha os 2 (dois) anos de efetivo exercício ou aceite o lugar vago, poderão concorrer à vaga os magistrados que integram a segunda quinta parte da lista de antiguidade e que atendam aos demais pressupostos, e assim sucessivamente.
§2º A quinta parte da lista de antiguidade deve sofrer arredondamento para o número inteiro superior, caso fracionário o resultado da aplicação do percentual.
§3º Se algum integrante da quinta parte não manifestar interesse, apenas participam os demais integrantes dela, não sendo admissível sua recomposição.
§4º As condições elencadas nos incisos I e II deste artigo não se aplicam ao acesso aos Tribunais Regionais Federais.
Art. 4º Na votação, os membros votantes do Tribunal deverão declarar os fundamentos de sua convicção, com menção individualizada aos critérios utilizados na escolha relativos a:

I – desempenho (aspecto qualitativo da prestação jurisdicional);
II – produtividade (aspecto quantitativo da prestação jurisdicional);
III – presteza no exercício das funções;
IV – aperfeiçoamento técnico;
V – adequação da conduta ao Código de Ética da Magistratura Nacional (2008).

§1º A avaliação desses critérios deverá abranger, no mínimo, os últimos 24 (vinte e quatro) meses de exercício.

§2º No caso de afastamento ou de licença legais do magistrado nesse período, será considerado o tempo de exercício jurisdicional imediatamente anterior, exceto no caso do inciso V, que também levará em consideração o período de afastamento ou licença.

§3º Os juízes em exercício ou convocados no Supremo Tribunal Federal, Tribunais Superiores, Conselho Nacional de Justiça, Conselho da Justiça Federal, Conselho Superior da Justiça do Trabalho e na Presidência, Corregedoria-Geral e Vice-Presidência dos Tribunais, ou licenciados para exercício de atividade associativa da magistratura, deverão ter a média de sua produtividade aferida no período anterior às suas designações, deles não se exigindo a participação em ações específicas de aperfeiçoamento técnico durante o período em que se dê a convocação ou afastamento.

Art. 5º Na avaliação da qualidade das decisões proferidas serão levados em consideração:
a) a redação;
b) a clareza;
c) a objetividade;
d) a pertinência de doutrina e jurisprudência, quando citadas;
e) o respeito às súmulas do Supremo Tribunal Federal e dos Tribunais Superiores.

Art. 6º Na avaliação da produtividade serão considerados os atos praticados pelo magistrado no exercício profissional, levando-se em conta os seguintes parâmetros:
I – Estrutura de trabalho, tais como:
a) compartilhamento das atividades na unidade jurisdicional com outro magistrado (titular, substituto ou auxiliar);
b) acervo e fluxo processual existente na unidade jurisdicional;

c) cumulação de atividades;
d) competência e tipo do juízo;
e) estrutura de funcionamento da vara (recursos humanos, tecnologia, instalações físicas, recursos materiais);

II – Volume de produção, mensurado pelo:
a) número de audiências realizadas;
b) número de conciliações realizadas;
c) número de decisões interlocutórias proferidas;
d) número de sentenças proferidas, por classe processual e com priorização dos processos mais antigos;
e) número de acórdãos e decisões proferidas em substituição ou auxílio no 2º grau, bem como em Turmas Recursais dos Juizados Especiais Cíveis e Criminais;
f) o tempo médio do processo na Vara.

Parágrafo único. Na avaliação da produtividade deverá ser considerada a média do número de sentenças e audiências em comparação com a produtividade média de juízes de unidades similares, utilizando-se, para tanto, dos institutos da mediana e do desvio padrão oriundos da ciência da estatística, privilegiando-se, em todos os casos, os magistrados cujo índice de conciliação seja proporcionalmente superior ao índice de sentenças proferidas dentro da mesma média.

Art. 7º A presteza deve ser avaliada nos seguintes aspectos:
I – dedicação, definida a partir de ações como:
a) assiduidade ao expediente forense;
b) pontualidade nas audiências e sessões;
c) gerência administrativa;
d) atuação em unidade jurisdicional definida previamente pelo Tribunal como de difícil provimento;
e) participação efetiva em mutirões, em justiça itinerante e em outras iniciativas institucionais;
f) residência e permanência na comarca;
g) inspeção em serventias judiciais e extrajudiciais e em estabelecimentos prisionais e de internamento de proteção de menores sob sua jurisdição;
h) medidas efetivas de incentivo à conciliação em qualquer fase do processo;
i) inovações procedimentais e tecnológicas para incremento da prestação jurisdicional;

j) publicações, projetos, estudos e procedimentos que tenham contribuído para a organização e a melhoria dos serviços do Poder Judiciário;
k) alinhamento com as metas do Poder Judiciário, traçadas sob a coordenação do Conselho Nacional de Justiça.
II – celeridade na prestação jurisdicional, considerando-se:
a) a observância dos prazos processuais, computando-se o número de processos com prazo vencido e os atrasos injustificáveis;
b) o tempo médio para a prática de atos;
c) o tempo médio de duração do processo na vara, desde a distribuição até a sentença;
d) o tempo médio de duração do processo na vara, desde a sentença até o arquivamento definitivo, desconsiderando-se, nesse caso, o tempo que o processo esteve em grau de recurso ou suspenso;
e) número de sentenças líquidas prolatadas em processos submetidos ao rito sumário e sumaríssimo e de sentenças prolatadas em audiências.
§1º Não serão computados na apuração dos prazos médios os períodos de licenças, afastamentos ou férias.
§2º Os prazos médios serão analisados à luz da sistemática prevista no parágrafo único do art. 6º.
Art. 8º Na avaliação do aperfeiçoamento técnico serão considerados:
I – a frequência e o aproveitamento em cursos oficiais ou reconhecidos pelas Escolas Nacionais respectivas, considerados os cursos e eventos oferecidos em igualdade a todos os magistrados pelos Tribunais e Conselhos do Poder Judiciário, pelas Escolas dos Tribunais, diretamente ou mediante convênio.
II – os diplomas, títulos ou certificados de conclusão de cursos jurídicos ou de áreas afins e relacionados com as competências profissionais da magistratura, realizados após o ingresso na carreira.
III – ministração de aulas em palestras e cursos promovidos pelos Tribunais ou Conselhos do Poder Judiciário, pelas Escolas da Magistratura ou pelas instituições de ensino conveniadas ao Poder Judiciário.
§1º Os critérios de frequência e aproveitamento dos cursos oferecidos deverão ser avaliados de forma individualizada e seguirão os parâmetros definidos pelas Escolas Nacionais de Formação e Aperfeiçoamento de Magistrados (ENFAM e ENAMAT) nos âmbitos respectivos.
§2º Os Tribunais e Conselhos do Poder Judiciário deverão custear as despesas para que todos os magistrados participem dos cursos e palestras oferecidos, respeitada a disponibilidade orçamentária.
§3º As atividades exercidas por magistrados na direção, coordenação, assessoria e docência em cursos de formação de magistrados nas Escolas Nacionais ou dos Tribunais são consideradas serviço público relevante e, para o efeito do presente artigo, computadas como tempo de formação pelo total de horas efetivamente comprovadas.
Art. 9º Na avaliação da adequação da conduta ao Código de Ética da Magistratura Nacional serão considerados:
a) a independência, imparcialidade, transparência, integridade pessoal e profissional, diligência e dedicação, cortesia, prudência, sigilo profissional, conhecimento e capacitação, dignidade, honra e decoro;
b) negativamente eventual processo administrativo disciplinar aberto contra o magistrado concorrente, bem como as sanções aplicadas no período da avaliação, não sendo consideradas eventuais representações em tramitação e sem decisão definitiva, salvo com determinação de afastamento prévio do magistrado e as que, definitivas, datem de mais de dois anos, na data da abertura do edital.
Art. 10 Na avaliação do merecimento não serão utilizados critérios que venham atentar contra a independência funcional e a liberdade de convencimento do magistrado, tais como índices de reforma de decisões.
Parágrafo único. A disciplina judiciária do magistrado, aplicando a jurisprudência sumulada do Supremo Tribunal Federal e dos Tribunais Superiores, com registro de eventual ressalva de entendimento, constitui elemento a ser valorizado para efeito de merecimento, nos termos do princípio da responsabilidade institucional, insculpido no Código Ibero-Americano de Ética Judicial (2006).
Art. 11 Na avaliação do merecimento será utilizado o sistema de pontuação para

cada um dos 5 (cinco) critérios elencados no art. 4º desta Resolução, com a livre e fundamentada convicção do membro votante do Tribunal, observada a seguinte pontuação máxima:
I – desempenho – 20 pontos;
II – produtividade – 30 pontos;
III – presteza – 25 pontos;
IV – aperfeiçoamento técnico – 10 pontos;
V – adequação da conduta ao CEMN – 15 pontos.
Parágrafo único. Cada um dos cinco itens deverá ser valorado de 0 (zero) até a pontuação máxima estipulada, com especificação da pontuação atribuída a cada um dos respectivos subitens constantes dos arts. 5º a 9º.

Art. 12 As Corregedorias-Gerais dos Tribunais centralizarão a coleta de dados para avaliação de desempenho, fornecendo os mapas estatísticos para os magistrados avaliadores e disponibilizando as informações para os concorrentes às vagas a serem providas por promoção ou acesso.

§1º As Escolas Judiciais fornecerão os dados relativos aos cursos de que participaram os magistrados que concorrem à promoção.

§2º Os dados informativos de avaliação dos concorrentes serão enviados aos membros votantes do Tribunal com antecedência razoável da data da sessão.

Art. 13 Finalizado o processo de levantamento de dados dos magistrados inscritos, serão eles notificados para tomar ciência das informações relativas a todos os concorrentes, facultando-lhes a impugnação em prazo não inferior a 5 (cinco) dias, com direito de revisão pelo mesmo órgão que examinar a promoção e na mesma sessão.

Parágrafo único. Findo o prazo para impugnação aos registros, a informação será participada aos integrantes do órgão do Tribunal ao qual seja afeta a matéria relativa às promoções, para que, decorridos 10 (dez) dias, possam os autos ser levados à primeira sessão ordinária do respectivo Colegiado.

Art. 14 Todos os debates e fundamentos da votação serão registrados e disponibilizados preferencialmente no sistema eletrônico.

Art. 15 Esta Resolução entra em vigor 30 (trinta) dias da data de sua publicação, revogando-se a Resolução nº 6 deste Conselho.

Ministro GILMAR MENDES

Índice de Assuntos

A
Ato administrativo
- Regulamentar
- - Conceito 27-29, 30, 31
- Regular
- - Definição 27

C
Comissão Parlamentar de Inquérito...20
Conseil Supérieur de la Magistrature....96
- Atribuições 97
- *Formation de siége* 97
- *Formation du parquet* 97
- Poder regulamentar 97
Consejo de la Magistratura (CM)
- Atribuições 98-99
- Conselho de Jurados da Argentina...99
- Poder regulamentar 104
- Reforma de 2006 100-101
- Regulamentos
- - Finalidade 101
Consejo General del Poder Judicial (CGPJ) 80
- Limite 88
- Poder regulamentar
- - Externo 81
- - Interno 80
- - Princípios 86
- - Reforma de 1994 .... 82, 84-85
Conselho Constitucional francês 38
Conselho da Magistratura da Argentina
- Poder regulamentar 79
Conselho Nacional de Justiça 19-20
- Atribuição regulamentar 56

- Finalidade 48, 49, 55
- Funções
- - Controle administrativo 50
- - Correcionais e disciplinares 50
- - Informativa ou propositiva 50
- - Ouvidoria 50
- - Políticas 50
- - Sancionatória 50
- Implantado 79
- Limites 33
- Nomeação 48
- Papel 105
- Poder regulamentar 33, 56, 105
- Presidido
- -Presidente do Supremo Tribunal Federal 48
- Resoluções 56
Conselho Nacional de Justiça brasileiro
Ver Conselho Nacional de Justiça
Conselho Superior da Magistratura
- Atos regulamentares 95
- Atribuições 94
- Legitimidade e independência... 95-96
- Regulamento das Inspeções Judiciais 95
- Regulamento Interno do Conselho 95
Conselhos da Magistratura
- Implantação 79
- Modelo latino-europeu 77
- Modelo nórdico-europeu 77
Consiglio Superiore della Magistratura (CSM) 88
- Atribuições 88-89

página	página
- Limitação .... 90 - Poder regulamentar .... 89-90 - - Ato(s) paranormativo(s) .... 89-92 - - - circulares, resoluções e diretivas .... 90 - - - regulamento interno e regulamento de administração e contabilidade .... 90 - - - regulamento para a aprendizagem dos ouvintes judiciários .... 90 - Reforma .... 92-93 Constituição da IV República .... 96 Constituinte de 1987 .... 24-25 Constituição mista - Aristocracia .... 16-17 - Democracia .... 16-17 - Monarquia .... 16-17 Crise da legalidade formal ..... 39-40, 44 **D** Direitos fundamentais .... 15-16 **E** Estado Democrático de Direito .... 23, 36, 40, 66, 107-108 Estado Liberal .... 23 Estado Social .... 23 **I** Inconstitucionalidade do Conselho .... 50-52 Instrumentos normativos .... 38-39 **L** Legalidade .... 15 Legalidade administrativa .... 40, 43 **M** Modelos de governo do Poder Judiciário - Tribunal Supremo (Corte Suprema) 47	- Poder Executivo (Ministério da Justiça) .... 47 - Órgão colegiado e autônomo (conselho da magistratura) .... 47 **O** Órgão de controle externo do Judiciário .... 48 **P** Poder administrativo - Executivo .... 18 - Judicial .... 18 - Legislativo .... 18 Poder Judiciário - Autonomia - - Carta Magna de 1988 .... 24 - Reforma do .... 24-25 Poder regulamentar autônomo - Ordenamento francês .... 36, 38 Poder soberano .... 18 Princípio da juridicidade administrativa .... 43-46 Princípio da legalidade .... 35, 40, 43, 45-46 Princípio da reserva de lei .... 34, 36, 39, 76, 81, 86, 106 Princípio da Reserva Legal Relativa .... 41 Princípio da separação de poderes... 39, 52, 62 Procedimentalização .... 41 **R** Regulamentos autônomos - Conceito .... 34-36 **S** Separação dos poderes .... 16 *Status* do Judiciário .... 19 Supremo Tribunal Federal 61, 107

Índice da Legislação

página

A
Acórdão nº 393 de 18 de março de 2004 65
ADC nº 12-MC/DF 39, 40, 44, 59, 60, 61, 62, 63, 64, 66, 74
ADC nº 12-6/DF 63
ADI nº 98/MT 51-52
ADI nº 135/PB 51
ADI nº 137/PA 51
ADI nº 2.564/DF 34
ADI nº 3.367/DF 25, 49, 52, 56, 62, 70, 71
ADI nº 3.367-1/DF 50
ADI nº 3.460/DF 68, 69
ADI nº 3.823/DF 58
ADI nº 3.854/DF 71
ADI nº 3.854-1/DF 71
ADI nº 3.855/DF 71
ADI nº 3.872/DF 71
ADI nº 4.014/DF 71
ADI nº 4.145/DF 74, 75, 76

B
Brasil [Constituição (1824)]................24
Brasil [Constituição (1988)]....38, 39, 49
- art. 2º, *caput* 52
- art. 5º 35
- II......................................32, 35
- XII.. 76
- art. 18 52
- art. 25 52
- art. 37 ....35, 61, 66, 69, 73
- - I.. 68

página

- - XVI..................................... 72
- - XI, c/c 93, V 70
- art. 49, V 34
- art. 52, II................................50
- art. 58, §1º, "b" 68
- art. 59 68
- art. 59, IV 32
- art. 59, V 32
- art. 60, §4º, III 52
- art. 62 32
- art. 68 32
- art. 84, IV 32, 33, 34, 35
- art. 84, VI 20, 32, 33, 34, 35, 42, 106
- art. 92, I-A..............................50
- art. 93, *caput* 20, 59, 107
- art. 93, I.................................68
- art. 93, II................................59
- art. 93, II, "c"........................59
- art. 93, III 59
- art. 93, IV 59
- art. 93, VIII 50
- art. 93, IX 59
- art. 93, X................................59
- art. 93, XII..............................58
- art. 99 ....52, 79
- art. 102
- - I, "r" 56
- - "r" 50
- art. 103, §4º 47
- art. 103-B...................48, 50, 67
- art. 103-B, §2º 48
- art. 103-B, §4º 49, 61, 63

página	página

- - I............................. 55, 56, 64, 69
- art. 103-B, §8º............................50
- art. 125 52
CRFB
Ver Brasil [Constituição (1988)]
 	
D
Decreto nº 94, de 9 de março
   de 1997 97
 	
E
Emenda Constitucional nº 32/2001... 25,
   27, 32, 33, 34, 35, 39, 42
Emenda Constitucional nº 45/2004... 20,
   24, 25, 47, 51, 56, 57, 59, 68, 69
Emenda Constitucional nº 47/2005 ...39
Emenda Constitucional nº 61/2009 ...48
 	
F
França [Constituição (1791)]........36, 43
França [Constituição (1946)]..............97
- art. 65 97
- Cap. XI...78
França [Constituição (1958)]........36, 37
- art. 34 ....37, 38
- art. 37 ....37, 38
- - alínea 1ª.....................................37
- - alínea 2ª.....................................37
 	
L
Legge 24 de marzo 1958, nº 195 ......88, 92
- art. 10 .... 88-89, 91
- art. 105 88
Legge 28 de marzo 2002, nº 44 92
Lei complementar nº 35/1979 71
Lei nº 5.010/1996
- art. 1º..67
Lei nº 8.112/1990
- art. 177, VIII 65
Lei nº 8.350 de 28 de dezembro de 1991
- art. 1º..72
	- art. 2º..72
	Lei nº 9.421/1996
	- art. 10 65
	Lei nº 9.784/1999 50
	Lei nº 9.953/2000
	- art. 22 65
	- art. 357, parágrafo único 65
	Lei nº 11.143 de 26 de julho
	   de 2005 ....70, 72
	Lei nº 21/85, de 30 de julho
	- art. 149 94
	Lei 24.937 del Consejo de la Magistratura,
	   de 10 de dezembro de 1997
	- art. 7º... 99-100
	- art. 7º (2) 100
	Lei nº 25.876/2004 ....101, 102
	Lei nº 26.080/B.O. 27.02.2006 100
	- art. 3º..100
	Lei Orgánica 6/1985, de 1 de julio,
	   del Poder Judicial (LOPJ)....................80
	- art. 103 87
	- art. 106 87
	- art. 110 ....80, 81, 82, 85
	- art. 110.1 80
	- art. 110.2 ....85, 88
	- art. 110.3 85
	- art. 122 80
	- art. 122.1 81
	Lei Orgánica 16/1994, de 8 de
	   noviembre...80
	Lei Orgânica nº 19/2003, de 23 de
	   dezembro..................................85
	Lei Orgânica, de nº 94-100, de 5 de
	   fevereiro de 1994...............................97
	Lei Orgânica nº 2010-830, de 22 de
	   julho de 2010 97
	Lei Orgânica do Poder Judiciário
	   (Espanha)
	   Ver Lei Orgánica 6/1985, de 1 de julio,
	   del Poder Judicial (LOPJ)

Índice da Legislação | 173

| página | página |

M
MS nº 24.784..72
MS nº 26.056..72

P
Portaria nº 496 de 18 de março
de 2009...59

R
Recurso Extraordinário
nº 579.951-4/RN....................................66
Regulamento 1/1986, de 22 de
abril..81
Resolução nº 3, de 16 de agosto de
2005..57, 123
- art. 2º...58
Resolução nº 6, de 13 de setembro de
2005..58, 59, 125
Resolução nº 7, de 18 de outubro de
2005...59, 61, 62, 63, 64, 65, 66, 67, 127
Resolução nº 8, de 29 de novembro
de 2005..67, 129
Resolução nº 9/2005.....................60, 127
Resolução nº 11, de 31 de janeiro
de 2006............................... 67-68, 131
Resolução nº 13, de 21 de março
de 2006...................69, 70, 71, 72, 133
- art. 2º...71
- art. 3º...71
Resolução nº 14, de 21 de março
de 2006...................69, 70, 72, 73, 137
- art. 1º, parágrafo único......................71
Resolução nº 21/2006.....................60, 127

Resolução nº 24, de 24 de outubro
de 2006..............................57, 58, 139
Resolução nº 27/2006..........................133
Resolução nº 28, de 18 de dezembro
de 2006..............................57, 58, 141
Resolução nº 35/2002
- art. 7º, caput, parágrafo único....68, 69
Resolução nº 42/2007................133, 137
Resolução nº 55/2004
- art. 1º...69
Resolução nº 59, de 09 de setembro
de 2008...........................73, 73, 74, 143
- art. 2º a 5º...75
Resolução nº 75, de 12 de maio
de 2009........................ 67-68, 131, 147
- art. 59...68
Resolução nº 76/2004................101, 102
- art. 114 (6)..101
Resolução nº 76 do CNJ......................69
Resolução nº 84, de 06 de julho
de 2009...143
- art. 10...73
- art. 18...73
Resolução nº 106, de 06 de abril
de 2010..............................58, 59, 165

S
Sentença do Tribunal Constitucional
(STC) nº 108/1986, de 29
de julho......................................81, 82, 85
Sentença do Tribunal Constitucional
(STC) nº 253/2005..............................82
Súmula nº 649..52
Súmula Vinculante nº 13..............66, 67

Índice Onomástico

A
Albers, Pim 92, 97
Almeida, Fernando Dias
   Menezes de 28
Alves, Moreira (Min.) 51
Aquino, Tomás de, Santo 17
Aragão, Alexandre Santos de 39,
   41, 62
Argibay, Carmen M. 102
Aristóteles 16

B
Bandeira, Regina Maria Groba 24
Baracho Júnior, José Alfredo de
   Oliveira 23
Barroso, Luís Roberto 39, 40,
   44, 61, 106
Bergin, Thomas Goddard 17
Berti, Giorgio 30
Bezerra, Rodrigo José Rodrigues 67
Bicudo, Hélio 24
Bielsa, Rafael 29, 30
Binenbojm, Gustavo 29, 33, 35, 36,
   40, 42, 43, 44, 45
Bonno, Gabriel 18
Britto, Carlos Ayres 34
Britto, Carlos Ayres (Min.) 39, 61,
   63, 69
Bruni 17

C
Caetano, Marcello 29, 32
Camargo, Maria Auxiliadora
   Castro e 77

Canotilho, J.J. Gomes 29, 40,
   44, 66, 94, 96
Carvalho, Ernani 93, 94
Carvalho, Raquel Melo Urbano de ... 32,
   34, 38, 40, 41, 42, 64, 79
Cícero, Marco Tulio 16, 17
Cyrino, André Rodrigues 37
Clève, Clèmerson Merlin 25, 32, 34,
   35, 36, 37, 38, 45, 56, 66, 107
Coleman, Janet 17
Conroy, Peter V. 18
Correia 39
Crick, Francis 16
Cuesta, Rafael Entrena 30
Cunegundes, Patrícia 25
Curvelo, Alexandre Schubert ... 27, 28, 65

D
D'Alembert 17
Delgado Martín, Joaquin 47, 88
Di Federico, Giuseppe 79, 100
Di Pietro, Maria Sylvia Zanella 28
Dias, João Paulo 23, 95

E
Ellis, William 16

F
Faria, Edimur Ferreira de 31
Favoreau 37
Feitosa, Gustavo Raposo Pereira 25,
   50, 52, 60, 76, 105
Fernández, Tómas-Ramón 30, 31, 86

página		página
Ferraz, Sergio 28		Martínez Neira, Nestor Humberto... 49, 50
Fischgi, Max Harold 17		
Fletcher, Herbert.........................17, 18		Maurer, Hartmut...............................30
		Medauar, Odete................................28
G		Meirelles, Hely Lopes.......................28
Galloti, Octávio (Min.).......................51		Melo, Gustavo Procópio Bandeira de 59
García de Enterría, Eduardo...30, 31, 86		
Gasparini, Diogenes..........................28		Mello, Celso Antônio Bandeira de 28, 35
Gordillo, Agustín...............................29		
Gracie, Ellen (Min.) 50		Mello, Celso de (Min.) 34
Grau, Eros Roberto.......................32, 33		Mello, Marco Aurélio (Min.).............25, 50, 62, 63, 64
H		Merkl, Adolf................................43, 44
Hammergren, Lin...............................24		Miescher, Friedrich 16
Haro, Ricardo...............79, 98, 101, 104		Miranda, Jorge...................................29
Hauriou, Maurice...............................44		Moncada, Luís S. Cabral de........31, 37, 38, 39, 40, 41, 45, 46, 105, 106
Hesse....................................58, 107, 108		
		Montesquieu 17, 18, 19, 20, 37, 78
J		Montesquieu, Charles-Louis de Secondat, baron de La Brède et de *Ver* Montesquieu
Dom João VI......................................24		
Jobim, Nelson (Min.)..........................50		
Justen Filho, Marçal 32, 35, 41, 42		Moraes, Alexandre de........................62
		Motta, Adylson 65
K		Moulakis, Athanasios 17
Kelsen, Hans 43		
Kurtz von, Fritz 16		**N**
		Navarro, Teresa 25
L		Naves, Nilson (Min.)..........................25
Leal, Victor Nunes.............................29		Nugent, Thomas...........................17, 18
Lewandowski, Ricardo......................66		
Locke, John..17		**P**
Lomba, Pedro.....................................36		Paula, Alexandre Sturion de..............68
		Pedersoli, Christiane Vieira Soares...19, 20
M		
Malberg, Raymond Carré de 36		Peluso, Cézar (Min.)...............49, 50, 52, 53, 64, 71
Maquiavel, Nicolau............................17		
Marshall...62		Pertence, Sepúlveda (Min.)....50, 52, 64
Martín 80		Pesnel, Marie Françoise de.................17
Martínez de Santos, Alberto 86		Picozzi, Francesco 92, 93

Índice Onomástico | 177

página

Pinheiro, Alexandre de Sousa 36
Pizzorusso 91, 93
Platão 16
Políbio 16
Pontes de Miranda, Francisco
    Cavalcanti 33
Punte, Roberto Antônio 101, 102

Q
Quadros 53

R
Ramirez 38, 81, 82, 84, 85
Rivero, Jean 26
Romini 17
Rosa, Arthur 25
Rousseau, Jean Jacques 37
Ruaro, Regina Linden 27, 28, 65

S
Sabbato, Luiz Roberto 96, 98
Sabine, George H. 17
Saggese, Mariano Bacigalupo 85, 88, 107
Sampaio, José Adércio Leite 21, 24, 31, 33, 35, 36, 38, 45, 47, 48, 49, 50, 55, 56, 61, 65, 66, 67, 68, 69, 77, 80, 92, 97, 98, 106
Sánchez Castañeda, Alfredo 96, 97
Santos, Boaventura de Souza 86, 96
Sarlet, Ingo Wolfgang 25, 34, 36, 45, 56, 66, 107
Secondat, Jacques de 17

página

Shackleton, Robert 18
Sifuentes, Mônica Jacqueline 95
Silva, Clarissa Sampaio 41, 43, 44
Smith, Stanley B. 17
Streck, Lênio Luiz 23, 25, 34, 36, 45, 56, 66, 107
Sundfeld, Carlos Ari 38

T
Tácito, Caio 41
Taylor, Alfred 16
Tenscin, Claudine de 17
Thomas, Frank 17, 18
Thomson, Ninian Hill 17
Tosti, Luigi 91

V
Velloso, Carlos (Min.) 50, 72
Verde, Giovanni 92, 93
Vico, Giambattista 17
Voermans, Win 92, 97

W
Walbank, Frank W. 17
Waterfield, Robin 17
Watson, James 16
Weber 15
Wood, Neal 17

Z
Zaffaroni, Raúl 102
Zagrebelsky, Gustavo 38
Zaragoza, Jorge Chaires ... 48, 49, 77, 78

Esta obra foi composta em fonte Palatino Linotype, corpo 10
e impressa em papel Offset 75g (miolo) e Supremo 250g (capa)
pela Edelbra Gráfica Ltda.
Erechim/RS, maio de 2011.